LA BIBLIA DE LAS
PROMESAS DE DIOS

LA HISTORIA
DE SU AMOR
INAGOTABLE

JENNIFER LYELL

ILUSTRADO POR THANOS TSILIS

B&H
niños

NASHVILLE, TN

Palabras de afirmación

«Como padre de un hijo que tuvo de maestra a Jennifer Lyell en la escuela dominical, me asombra la vitalidad, la energía y la imaginación que ella aporta a este antiguo llamado. En este hermoso libro, Jennifer lleva tanto a niños como a adultos a la Biblia, con verdad y belleza. *La Biblia de las promesas de Dios* preparará a los niños para interactuar con la Biblia durante el resto de sus vidas. A los niños les encantará este libro y pedirán que se los leamos una y otra vez. Y lo más importante, este libro les ayudará a amar la Biblia en sí, y a esconder sus verdades en su corazón».

—RUSSELL MOORE, *PRESIDENTE, COMISIÓN DE ÉTICA Y LIBERTAD RELIGIOSA DE LA CONVENCIÓN BAUTISTA DEL SUR*

«Las semillas de la Escritura fueron plantadas en mi corazón desde mi primera infancia, y empecé a seguir a Cristo a los cuatro años de edad. Así que sé de primera mano que Dios se mueve en los corazones de los niños para atraerlos hacia Él. Durante años, he observado a Jennifer Lyell poner en práctica esta convicción al enseñar la Biblia a los párvulos en su iglesia. La convicción de que los pequeños pueden aprender grandes verdades motiva a Jennifer y es el centro de *La Biblia de las promesas de Dios*. Con historias tomadas del texto bíblico y diseñadas para captar la atención de los corazones jóvenes, este libro ayudará a tu hijo a conocer y confiar en el Dios de la Biblia. A medida que se lo leas a tu hijo o lo lean juntos, tu propio corazón se verá animado por la fidelidad de nuestro Dios, que siempre cumple Sus promesas».

—NANCY DEMOSS WOLGEMUTH, *AUTORA; FUNDADORA/MAESTRA DE AVIVA NUESTROS CORAZONES.*

Este libro se presenta a:

_____

de parte de:

_____

en la fecha:

_____

La Biblia de las promesas de Dios: La historia de Su amor inagotable

B&H Publishing Group
Nashville, TN 37234

Diseño de portada e ilustración: Thanos Tsilis

Director editorial: Giancarlo Montemayor
Coordinadora de proyectos: Cristina O'Shee

Clasificación Decimal Dewey: J220.95
Clasifíquese: DIOS/PROMESAS/HISTORIAS BÍBLICAS

ISBN: 978-1-0877-5404-8

Impreso en Heyuan, China
1 2 3 4 5 * 24 24 23 22

Dedicación

Con amor y gratitud, a los niños y las familias de
la Iglesia Grace Community en Nashville, por todo lo
que me han mostrado sobre las promesas de Dios.

Y en memoria y honor de Job Wilson Kemp, a quien Dios
está cumpliendo todas Sus promesas.

¡Bendice, alma mía al Señor!

Contenido

Una nota para los adultos 8

Promesas de Dios del Antiguo Testamento

1 *Prólogo:*Dios antes de la luz 10
(El Dios que siempre cumple Sus promesas)

2 La primera promesa 12
Dios promete proveer siempre para Su pueblo.

3 La promesa rota 18
Dios siempre dice la verdad.

4 Una promesa aplastante 24
Dios destruirá a la serpiente que les mintió a Adán y a Eva.

5 Promesas coloridas 30
Dios nunca volverá a destruir la tierra con un diluvio.

6 Una promesa en las estrellas 36
Dios hará un pueblo para Él y le dará una tierra propia.

7 La promesa increíble y especial 42
Dios cumplirá toda promesa que haga, sin importar cuán imposible parezca.

8 Una promesa sacrificial 48
Dios proveerá el sacrificio por nuestros pecados.

9 Promesas de ensueño 54
Dios elige al que levantará como líder.

10 La promesa del prisionero 60
Dios cumplirá Sus promesas, incluso cuando no parezca posible.

11 La promesa de provisión 66
Dios siempre hace lo que dijo que hará.

12 Una promesa soberana 72
Los planes de Dios son buenos, incluso cuando todo parece salir mal.

13 La promesa entre los juncos 78
Dios protegerá a Su pueblo, sin importar quién esté en contra de ellos.

14 La promesa del pecado 84
Dios es fiel para proveer incluso cuando pecamos.

15 Elegidos para una promesa 90
Dios es fiel para usar a Su pueblo a pesar de sus pecados y debilidades.

16 Promesas buenas y señales del mal 96
Dios usa a Su pueblo para proteger a Su pueblo.

17 Plagas de promesa 102
Dios juzgará a aquellos que lastimen a Su pueblo.

18 La promesa de la Pascua 108
Dios salvará a Su pueblo a través de la sangre de un cordero sin mancha.

19 Pilares de promesa 114
Dios vencerá a los enemigos de Su pueblo.

20 Promesas para los berrinchudos 120
Dios puede proveer lo que necesitamos de maneras increíbles,
incluso cuando no confiamos en Él.

21 La tierra prometida 126
Nada puede evitar que Dios cumpla Sus promesas.

22 El Emanuel prometido 132
Dios enviará a Su Hijo a vivir entre nosotros pero sin pecar.

23 Prometo sufrir 138
Dios aceptará el castigo por los pecados de todo Su pueblo.

24 La nueva promesa 142
Dios prometió un nuevo pacto con Su pueblo que haría posible que sus pecados
fueran perdonados para siempre.

Promesas de Dios del Nuevo Testamento

25 El Prometido 146
Dios envió a Su Hijo para salvar a Su pueblo de sus pecados.

26 La promesa de la paz 152
Jesús abrirá un camino para que haya paz entre Dios y el hombre.

27 Promesas atesoradas 158
Jesús siempre obedecerá a Su Padre.

28 El Padre, el Hijo y el Espíritu prometidos. 164
Todas las personas de Dios están siempre presentes.

29 Promesas falsas. 170
Las palabras de Dios tienen el poder de vencer a Satanás.

30 Una promesa para seguir. 174
Los que siguen a Jesús verán cosas increíbles hechas en Su nombre.

31 Promesas con poder 180
Jesús puede sanar cualquier enfermedad o muerte que quiera.

32 Una promesa viva 186
*Dios ofrece vida eterna a todos los que confían en Él, sin importar quiénes
son o de dónde vienen.*

33 La promesa que algunos no querían 190
Todos los que creen en Jesús vivirán para siempre.

34 La entrada prometida 196
Dios abrirá un camino para que Su pueblo sea perfecto a través de Jesús.

35 El complot prometido 202
Dios siempre sabe lo que va a suceder, y siempre es parte de Su plan.

36 El Siervo prometido 208
Dios nos ama con amor inagotable, tal como Jesús mostró con los apóstoles.

37 El Libertador prometido liberó hasta morir. .214
Dios enviará a un Libertador que salvará a Su pueblo de sus pecados.

38 La promesa oscura 220
Jesús sufrirá para salvar a Su pueblo de sus pecados.

39 El Redentor prometido 226
Dios aplastará la cabeza de la serpiente y vencerá la muerte.

40 Una promesa que crece. 232
Dios usará a Su pueblo para alcanzar a nuevas personas para que crean en Él.

41 Una promesa que ayuda 238
Dios llenará con Su Espíritu a todos los que creen.

42 La promesa de salvar a un asesino 244
Dios salvará a todos los que lo buscan, sin importar cuáles sean sus pecados pasados.

43 El tiempo perfecto prometido por Dios. .250
Dios regresará en el momento que solo Él sabe, y hasta entonces, tenemos que trabajar para Él.

44 Regalos prometidos para todos 256
Dios promete dar regalos espirituales a todo Su pueblo.

45 La promesa de la libertad 260
Dios promete libertad a todos los que confían solo en Jesús.

46 La promesa y la providencia del amor 266
Nada puede separar a los que aman a Jesús del amor de Dios.

47 Elegidos con la promesa de una armadura espiritual 272
Dios le da a Su pueblo la armadura que necesita para pelear contra el enemigo.

48 La promesa completa 276
Dios completará toda la obra que empieza.

49 La promesa de vida nueva. 280
Dios les da vida con Él a todos los que siguen a Jesús.

50 La promesa para las naciones 284
Dios salvará a personas de toda tribu, lengua y nación.

51 La promesa de hacer nuevas todas las cosas. 288
Dios creará un cielo nuevo y una tierra nueva donde estará con Su pueblo.

52 El regreso y el reino prometidos. 292
Jesús volverá, y reinaremos con Él.

Palabras de gratitud 296

Sobre la autora 301

Una nota para los adultos

¡Hola!

Estoy segura de que tienes a un niño al que amas en tu vida, y que esperas que aprenda a conocer más sobre Dios y Su amor. Tal vez seas un padre que usará este recurso durante el tiempo devocional familiar, un abuelo que leerá estas historias cada vez que pueda, un tío que quiera ayudar a discipular a los niños que le encanta malcriar, o (como yo) un maestro de escuela dominical que está buscando algún recurso adicional para usar con los niños a los que les enseña cada semana.

Hace casi dos décadas que enseño la Biblia a adultos, adolescentes, preadolescentes y niños en edad preescolar. Sin excepción, los párvulos son los que más aprenden, pero los que requieren más preparación para enseñar. Cuando se les presenta el material resumido a través de una lente que puedan entender, con un contexto concreto para ellos, pueden aprender las grandes verdades que vienen de Dios, y aceptar lo que sigue siendo un misterio sobre este mismo Dios.

Eso es lo que quise lograr con este libro. He aprendido que el hilo de las promesas de Dios es fácil de aprender y entender para los niños. Va uniendo las historias desde la creación hasta el cielo nuevo y la tierra nueva, mientras las transforma en algo personal. Este hilo, junto con una estrategia didáctica que usa palabras que los niños conozcan o define palabras importantes que quizás no conozcan, hace que las historias más complejas de la Biblia sean comprensibles para niños de hasta tres años de edad, pero también capta la atención de niños de hasta nueve o diez años.

Dios nos ha dado todo lo necesario para que los niños entiendan el evangelio, el gran relato de la Biblia, y las promesas que se cumplirán finalmente en el pueblo de Dios como herederos que reinarán con Jesús en la nueva tierra. Escribí estas historias para leerlas en voz alta, y espero que enseguida captes el tono emotivo, a veces gracioso, siempre claro y lleno de imaginación cuando es bíblicamente adecuado.

Mi oración es que todos los niños a los que se les lea este libro terminen con un corazón más blando hacia el Dios que los creó. Y también oro para que tú, el que lee, descubras lo mismo en tu corazón. Que al leer estas verdades sencillamente profundas a los pequeñitos que amas, recuerdes cuánto te ama nuestro gran Dios, quien establece y cumple Sus promesas a Su pueblo.

Él es bueno.

Y siempre cumple Sus promesas.

¡Bendito sea el nombre del Señor!

Jennifer Lyell

Dios antes de la luz

¿Sabías que Dios existía antes de que hubiera luz en alguna parte? Dios siempre existió. Y a veces, los grandes se olvidan de decirles a los chicos algunas de las cosas más importantes sobre Dios, como por ejemplo, que Él siempre existió… ¡siempre! O que es un solo Dios, pero que tiene tres personas que forman ese único Dios.

Ahora bien, tú eres pequeño, y lo más probable es que no llegues a los estantes más altos ni puedas conducir un auto, pero ¿sabías que la Biblia dice que todos tenemos que pensar en Dios como piensan los niños pequeños? Eso significa que tú puedes saber algunas cosas importantes sobre Él antes de empezar con la historia grande, gigante y maravillosa de Sus promesas. ¡Esta historia es mejor que cualquier pastel que hayas comido jamás, o que cualquier fiesta a la que hayas ido!

Lo primero que tienes que saber es que Dios siempre fue Dios. Nunca hubo una época en la que no existiera. Él existía antes de todas las cosas que creó, y siempre fue igual. Nunca cambia.

Lo segundo que necesitas saber es que hay un solo Dios en todo el mundo. La mayoría de las veces, lo llamamos Dios porque en general estamos hablando de todo lo que Dios es.

Así que eso es Él, Dios. Peeeeeeeeeeeeero, hay dos cosas más sobre Dios que tienes que prestar mucha atención para entender. ¿Estás listo para que sigamos?

Bueno, recién dijimos que hay un solo Dios. Ahora, ya lo sabemos.

Pero lo tercero que tienes que saber sobre Dios es que tiene tres personas diferentes. Está Dios Padre, Dios Hijo (que se llama Jesús), y Dios Espíritu Santo. El Padre, el Hijo y el Espíritu Santo son todos Dios. Son distintos el uno del otro, y escucharemos historias sobre cada uno de ellos, pero cada uno es el único Dios.

Esto no tiene sentido si pensamos en Dios como pensamos en las personas, porque una persona solo puede ser esa persona. Pero Dios es diferente de las personas. Él puede ser y hacer lo que quiera. Así que, el único Dios puede tener tres personas distintas que, por sí mismas, son absolutamente Dios, pero las tres personas también son el mismo y único Dios. Es un poco confuso, ¿no? Bueno, para los adultos también es confuso, porque algunas cosas sobre Dios son un misterio para nosotros. Pero podemos entender lo suficiente como para conocer a Dios y saber que cumple Sus promesas, y eso vamos a aprender en este libro.

Ahora mantén los oídos bien abiertos, porque hay una cosa más de grandes que tienes que saber sobre Dios: Él siempre supo todo lo que iba a suceder, y nada pasa sin Su permiso. Eso significa que, cuando escuchamos algo que sucedió en la Biblia, donde alguien desobedeció a Dios o donde parece que los planes de Dios no salieron como Él quería, en realidad, los planes de Dios nunca cambiaron. Él sabe todo sobre nosotros antes de que naciéramos, ¡y sabe todo lo que va a pasar en el futuro!

Pero ¿adivina qué? Como Dios nos dijo algunas de estas cosas en la Biblia y esta es una *Biblia* de historias, ¡también podrás conocerlas!

—*Tomado de Salmos 90, 135*

Preguntas

* ¿Cuántos Dioses existen?

* ¿Cuántas personas son el único Dios?

* ¿Cómo se llaman las personas de Dios?

* ¿Acaso Dios se sorprende o se confunde con las cosas que pasan en el mundo?

La primera promesa

*H*abía una vez una época en la que no existía el tiempo. Solo estaba Dios. Él ha sido Dios desde antes de que existiera el tiempo. Es más, ¡Él mismo lo creó! Dios hizo todas las cosas. ¿Cómo pasó esto?

Dios era bueno, y sabía lo que sería bueno. Sabía cómo crear y cómo hacer cosas vivas que disfrutaran de Él y que Él también pudiera disfrutar. Así que eso fue lo que hizo.

Al principio, todo estaba oscuro y lleno de nada. Entonces, Dios dijo: «¡Que haya luz!». ¿Y adivina qué? Hubo luz. Eso fue lo único que hizo falta para crear luz para todo el universo. Dios lo dijo, y sucedió. Porque Él lo dijo. Ahora bien, no sabemos exactamente cómo dijo esas palabras… si las gritó o si las susurró, si habló en voz bajita o con su voz de «aire libre». Pero sabemos que Dios es tan poderoso y tan bueno que puede hacer el mejor de los mundos con las palabras más suaves. Su poder no tiene por qué ser gritado para funcionar, y Sus promesas no tienen por qué ser ruidosas para ser ciertas.

Cuando hizo la luz, la llamó «día», y a la oscuridad, la llamó «noche». Fue bueno que hubiera día y noche. Sin embargo, como es un Dios creativo, quería más que día y noche para el mundo que amaría. Quería tierra y mares y estrellas y peces y aves y bestias. Y también quería personas.

Dios hizo todas estas cosas con Su palabra. Puso los océanos en los lugares justos para darle agua a la tierra, pero no demasiada agua. Les dijo a los océanos dónde tenían que quedarse, y allí se quedaron, obedeciendo las palabras de Dios.

Después de hacer el día, la noche y el cielo, Dios llamó a las aguas a moverse para que apareciera tierra seca, y así fue; y quedaron formados la tierra y el mar. A continuación, dijo que el suelo produjera vegetales y fruta, y así fue. Dios sabía que estaba a punto de crear seres vivos que necesitarían tierra donde caminar y alimento para comer.

Así que ahora había tierra y un cielo. La tierra tenía plantas y vegetales; pero el cielo estaba vacío… ¡hasta que Dios hizo estrellas para llenarlo! También hizo dos luces especiales; una para reinar sobre el día y una sobre la noche.

¡Dios llenó el agua de peces y animales que nadaban! Peces grandes y peces pequeños. Todos fueron creados en un segundo, solo porque Dios dijo que existieran.

Así como llenó el agua, también llenó el aire. Con Su palabra, ¡hizo aves de toda clase para que volaran por ahí! Aves grandes y pequeñas… y todo fue bueno.

Después llegó el momento en que Dios llenara la tierra de animales. Habló para que la tierra se llenara de criaturas vivas de toda clase y tamaño: ¡vacas, jirafas, perros, hormigas, canguros, pandas, gorilas, gatos, ratones y mucho más! Dios habló y todos estos animales cobraron vida, y fue bueno.

Dios miró para todos lados y supo que lo que había creado era bueno; la tierra y los mares, los cielos y la tierra, las estrellas en el cielo, los peces y las aves, y los animales en el suelo. Pero todavía no había terminado de crear el mundo. Faltaba una parte muy especial de ese mundo.

¿Sabes qué faltaba? ¿Qué no había creado Dios todavía? Es algo que hizo a Su imagen, y eso significa que se parece a Él. ¡Las personas! Primero, hizo un hombre. Pero después de hacer al hombre, se dio cuenta de que no era bueno que existiera solo el hombre. Faltaba algo más. ¡Una mujer! Así que Dios también creó una mujer. Y fue bueno.

El hombre se llamaba Adán y la mujer se llamaba Eva. Dios los amaba muchísimo. De todo lo que había hecho, ¡ellos eran Su creación favorita! Los amaba y les hizo promesas desde el principio. Les dijo que los ponía a cargo de todas las cosas que había en la tierra, y que siempre tendrían el alimento que necesitaran. Les prometió que los cuidaría. Les dio un corazón para conocerlo. ¡Y fue bueno!

—*TOMADO DE GÉNESIS 1–2*

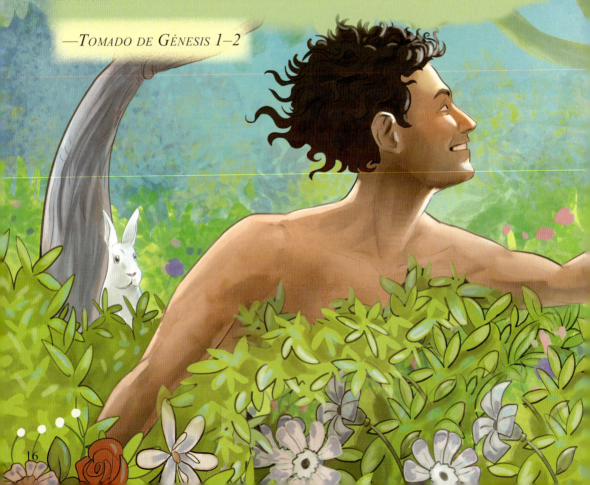

Preguntas

✳ ¿Qué te gusta más de todo lo que Dios creó?

✳ ¿Cómo creó Dios todas las cosas?

✳ ¿Qué fue lo que más le gustó a Dios de lo que creó?

✳ ¿Qué les prometió Dios a Adán y Eva?

La promesa rota

Dios les dio a Adán y a Eva un mundo hermoso y lleno de aventuras. Vivían en un jardín repleto de animales, arroyos, rocas, campos, colinas y flores. Siempre estaba soleado y nunca llovía. Es más, ¡era tan perfecto que Adán y Eva ni siquiera necesitaban zapatos cuando corrían por las montañas, los campos o cuando se metían al agua! Nunca hacía demasiado frío ni calor, ni había objetos cortantes que les lastimaran los pies. Estas personas nuevas tenían todo lo que necesitaban, y todo era bueno porque Dios lo había hecho así.

Dios sabía qué era mejor para Adán y Eva, porque los había creado y conocía su corazón. Además, sabía que Adán y Eva necesitaban una regla. ¿Recuerdas cómo Dios les había prometido que siempre les daría el alimento que necesitaban? Bueno, les dijo algo más. Podían comer de cualquier fruta que encontraran en el jardín, menos del fruto de un árbol. Se llamaba el árbol del conocimiento del bien y del mal, un nombre importante para un árbol importante. Este árbol estaba prohibido. Eso significa que no podían comer de él.

Dios les dijo a Adán y a Eva que si comían del fruto del árbol prohibido, morirían. Nada había muerto todavía, pero Dios sabía cómo hacer que Adán y Eva entendieran lo que eso significaba. Ellos escucharon que Dios dijo que la única regla que tenían que obedecer era la de no comer de ese árbol. Lo escucharon prometerles que siempre les daría todo el alimento que necesitaran, y lo entendieron. Así que disfrutaban de la tierra, del mar, de los animales y de toda la comida riquísima que crecía en el jardín. Eran felices, y su corazón estaba siempre conectado con Dios.

Hasta que un día, todo cambió para todos nosotros… para siempre.

Una serpiente empezó a hablar con Eva. En serio. Una serpiente que hablaba. No era como las demás víboras. Esta era una serpiente que quería ser Dios. Era tan mala que no quería que Adán y Eva obedecieran a Dios.

La serpiente le dijo: «Oye, Eva, ¿*de verdad* Dios te dijo que no comieras del fruto de ese árbol de ahí?».

Eva se acordaba de lo que Dios había dicho, ¡así que probablemente pensó que era una pregunta bien fácil! Miró el árbol, después a la serpiente, y dijo algo como: «Sí, eso fue lo que Dios nos dijo. Dijo que podíamos comer de cualquier fruta en todo el jardín, pero solo no podemos comer el fruto de ese árbol, o moriremos».

Ella había escuchado lo que Dios les dijo y se acordaba bien. Pero la serpiente en realidad no quería saber lo que Dios había dicho. Quería que Eva dejara de creer en lo que Dios había dicho.

Entonces, la serpiente dijo: «No, no se van a morir si comen esa fruta. Dios sabe que si comen, ¡serán como Él!».

Esto no era cierto, pero ¿sabes una cosa? Eva dejó de escuchar a Dios y empezó a escuchar a la serpiente. Entonces, miró otra vez el árbol. Era un árbol muy bonito, y su fruto parecía riquísimo. Así que, aunque Dios les había dicho a ella y a Adán que no comieran del fruto, o morirían, ella extendió la mano, sacó una fruta de una rama y la mordió. Adán estaba con ella, así que Eva le convidó un poco. Los dos comieron la fruta. Oh-oh. Por supuesto, Dios les había dicho la verdad de lo que pasaría. Él siempre nos dice la verdad. Así que, cuando Adán y Eva comieron la fruta, su corazón cambió enseguida. Ya no sentían la misma conexión con Dios en su corazón. Sentían vergüenza de lo que eran. Querían esconderse de Dios. Y ahora, tenían un corazón que moriría.

—*Tomado de Génesis 3*

Preguntas

* ¿Qué tenía de especial el jardín?
* ¿Cuál fue la única regla que les dio Dios a Adán y Eva?
* ¿Qué le dijo la serpiente a Eva?
* ¿Crees que Adán y Eva podrán esconderse de Dios?

Una promesa aplastante

Dios sabía lo que había sucedido con Adán, Eva y la serpiente. Le preguntó a Adán si había comido del fruto del árbol prohibido. Dios siempre sabe la respuesta a lo que nos pregunta, pero nos da la oportunidad de responder para mostrar lo que sentimos sobre lo que hicimos. Pero Adán no dijo la verdad ni pidió perdón ni se mostró triste por lo que había pasado. No, no hizo nada parecido. Le echó la culpa a Eva, y después Eva culpó a la serpiente.

Todo esto pasó porque el corazón de Adán y Eva había cambiado cuando desobedecieron a Dios. Como su corazón cambió, ya no podían obedecer verdaderamente a Dios, y habría castigos por lo que habían hecho.

Se morirían. Dios había dicho la verdad cuando les dijo a Adán y a Eva que morirían si comían de ese fruto. Pero fue peor que eso. Antes de morir, tendrían toda clase de problemas, heridas y tristezas. Antes de comer del fruto prohibido, no existía la tristeza en el mundo. Cuando comieron esa fruta, su corazón se endureció. Y un corazón endurecido no puede oír, obedecer ni amar a Dios. Es más, lo único que puede hacer un corazón endurecido es desobedecer a Dios y morir algún día, y esto es muy triste. Dios había hecho a Adán y a Eva con un corazón tierno que era como el de Él y que podía escucharlo, obedecerlo y amarlo. Pero ahora, eso había cambiado, y no solo sería distinto para Adán y Eva. Como fueron las primeras personas y los primeros padres de todo el mundo, la clase de corazón que ellos tenían sería la misma clase de corazón que el resto de nosotros tendríamos.

No sabemos exactamente cómo se ve Dios cuando está triste, pero lo que pasó con el corazón de Adán y Eva lo puso muy triste, porque Él había creado sus corazones para estar con Él y para agradarle. Además de ponerse triste, Dios también se enojó. Entonces, hizo otra promesa. Era una promesa a la serpiente.

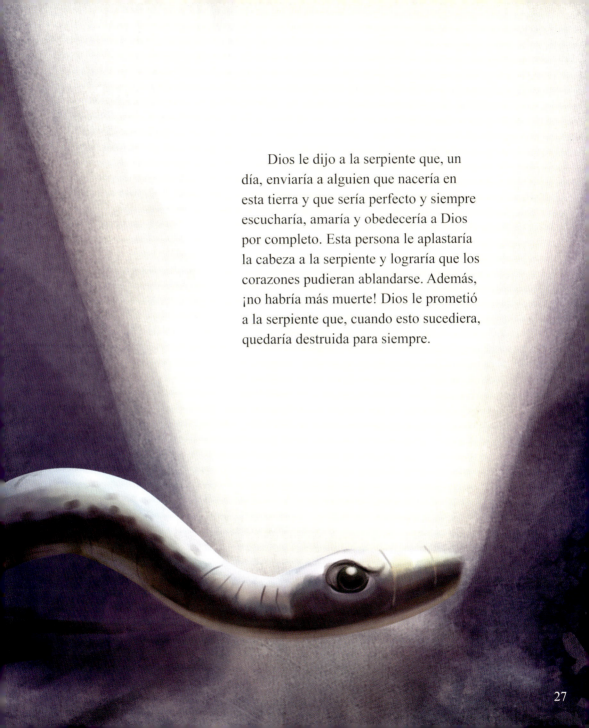

Dios le dijo a la serpiente que, un día, enviaría a alguien que nacería en esta tierra y que sería perfecto y siempre escucharía, amaría y obedecería a Dios por completo. Esta persona le aplastaría la cabeza a la serpiente y lograría que los corazones pudieran ablandarse. Además, ¡no habría más muerte! Dios le prometió a la serpiente que, cuando esto sucediera, quedaría destruida para siempre.

A Adán y Eva los echaron del jardín, y Dios tenía razón. Tuvieron muchos problemas y tristezas el resto de sus vidas. También tuvieron hijos que a su vez tuvieron hijos y ellos también tuvieron hijos y así… y toda la gente de la tierra surgió de Adán y Eva. Y todas las personas tenían un corazón duro, porque Adán y Eva desobedecieron a Dios.

Esta sería una historia muy triste, excepto por la promesa de Dios a la serpiente. Aquí tienes algo bien de grandes para que sepas: La promesa de Dios de enviar a alguien a aplastar la cabeza a la serpiente es la mejor de todas, porque significa que, un día, tendremos un mundo como el que tenían Adán y Eva antes de desobedecer.

—*Tomado de Génesis 3*

Preguntas

* **¿Qué pasó con el corazón de Adán y Eva después de que comieron la fruta?**
* **¿Qué es lo que un corazón endurecido no puede hacer?**
* **¿Qué prometió Dios que le sucedería a la serpiente?**
* **¿Cómo crees que se sintieron Adán y Eva después de ser expulsados del jardín?**

Promesas coloridas

Pasó mucho tiempo desde que Dios echó a Adán y a Eva del jardín. Muchas personas se casaron y tuvieron hijos. Sin embargo, no amaban a Dios. Es más, actuaban como si Dios no existiera. Estaban llenas de odio y siempre se peleaban y se lastimaban unas a otras. Dios se enojó tanto que pensó que lo mejor hubiera sido no crear nunca a las personas.

Pero había un hombre diferente. Se llamaba Noé, y tenía un corazón tierno para Dios. La Biblia dice que Noé caminaba con Dios; es decir, lo escuchaba y le obedecía. Noé tenía una esposa y tres hijos, que también estaban casados. Bueno, un día, Dios habló de algo muy interesante con Noé. Le dijo que la gente estaba desobedeciendo y tomando malísimas decisiones. Así que Dios había decidido destruir a todas las personas sobre la tierra.

En serio. La cosa estaba así de mal. *Terriblemente* mal.

Dios le dijo a Noé que haría que empezara a llover. Seguiría lloviendo y lloviendo y lloviendo y lloviendo y lloviendo tanto tiempo que todo el mundo quedaría tapado con agua, y todo moriría. Pero como Noé amaba a Dios y caminaba

junto a Él, ¡él y su familia se salvarían! Dios le dijo a Noé cómo construir un barco enorme que flotaría en el agua. Después, le dijo a Noé que buscara dos animales de cada especie en la tierra para llevarlos en el barco con él y su familia. Estarían en el barco mucho tiempo, así que Noé tuvo que llevar comida para todas las personas y los animales.

Noé siguió las instrucciones de Dios y construyó el barco. ¡¿Te imaginas lo grande que habrá sido para que entraran dos de CADA ESPECIE DE ANIMALES QUE HABÍA SOBRE LA TIERRA?! ¿Y puedes imaginar lo apestoso que habrá estado ese barco después de un tiempo? ¡Puaj!

Todo pasó exactamente como Dios dijo. Los animales llegaron… un macho y una hembra de cada especie que caminaba sobre la tierra o volaba por el cielo. Todos se unieron a Noé y a su familia en el barco gigante. Después, la Biblia nos dice que Dios cerró la puerta del barco y ellos quedaron adentro.

Llovió y llovió durante 40 días y 40 noches. Cuando por fin paró de llover, el barco era lo único que quedaba. Flotaba sobre el agua, que había llegado tan alto que tapaba las cimas de las montañas.

Noé no sabía cuánto tiempo pasaría para que el agua bajara, así que durante meses, miró por la ventana para ver si ya se veían las montañas. Por fin, después de diez meses (casi la cantidad de tiempo que hace falta para cumplir los años otra vez), Noé pudo ver la puntita de las montañas. Poco después, Noé envió a un pájaro tres veces para ver si volvía o si encontraba tierra seca para hacer una nueva casita. A la tercera vez, el pájaro no volvió, así que Noé abrió la puerta del barco y todos los animales y su familia salieron a tierra seca.

Eran las únicas personas y los únicos animales que quedaban vivos sobre la tierra. ¡Pero ellos estaban vivos! Dios había cumplido Su promesa de salvarlos. Sin embargo, no fue la única promesa que hizo. También puso un gran arcoíris en el cielo. El arcoíris era una señal de que, sin importar lo que hiciera la gente, Dios nunca más destruiría a todo el mundo con un diluvio. ¡Y esa es una promesa que sigue cumpliendo y que podemos recordar cada vez que vemos un arcoíris en el cielo!

—*TOMADO DE GÉNESIS 6–9*

Preguntas

✳ ¿Cómo actuaban las personas hacia Dios y las demás antes del diluvio?

✳ ¿Qué le dijo Dios a Noé que hiciera?

✳ ¿Con qué animal no quisieras estar en un barco durante mucho tiempo?

✳ ¿Qué prometió Dios que nunca más haría?

Una promesa en las estrellas

Mucho tiempo después de que Noé murió, otro hombre tenía un corazón tierno para Dios. Se llamaba Abram y estaba casado con Sarai. Siempre habían querido tener hijos pero no habían podido. Y ahora, eran demasiado viejos como para tener un bebé. En parte, eso es lo que hace que esta historia y la promesa de Dios a Abram sean maravillosas.

Un día, Dios le dijo a Abram que dejara el hogar donde siempre había vivido y empezara a viajar sin parar hasta que Dios le dijera. Abram obedeció a Dios. Él y Sarai empacaron todas sus cosas y se fueron hacia donde Dios les indicó. Se fueron de su casa sin saber adónde iban, porque Abram le creía a Dios y lo amaba muchísimo.

Después de un largo viaje, llegaron a una tierra hermosa con toda clase de plantas y árboles que daban alimento. Pero esta tierra también tenía personas que vivían allí y que no querían compartir la tierra con Abram y su familia. Sin embargo, Dios le dijo a Abram que mirara bien para todos lados. Le prometió que un día, le daría a Abram esta tierra. Pero no solo se la daría a Abram; se la daría a la familia de Abram, una que crecería para incluir a un hijo, nietos, bisnietos y tataranietos…

Un momento. ¿Dios le dijo a Abram que le daría *bisnietos* y una familia gigante? Abram no tenía hijos, y él y Sarai ya eran demasiado viejos para tener bebés, ¿recuerdas? Bueno, Abram lo sabía, pero le creyó a Dios porque Él le había hecho una promesa, y Abram sabía que Dios siempre cumple lo que promete. Abram se inclinó y preparó un lugar especial para adorar a Dios, porque creía que un día, Dios le daría esa tierra especial y hermosa.

Pero todavía no. Dios le dijo a Abram y a Sarai que siguieran avanzando, así que ellos obedecieron y continuaron con su viaje. Un día, hubo una batalla, y los enemigos de Dios capturaron a un familiar de Abram. Abram sabía que Dios los protegería, así que reunió a todos sus siervos y familiares varones y los guio a la batalla. Con sus hombres, se metió a escondidas al campamentos de los malos durante la noche, y Dios los protegió. ¡Ganaron la batalla muy fácilmente! Es más, Abram tuvo tanto éxito que el rey de la tierra lo bendijo a él y alabó a Dios, porque sabía que seguramente Abram contaba con la bendición de Dios. Después, Dios le dijo a Abram que nunca tuviera miedo, porque Él siempre sería su escudo.

Pero Abram seguía triste porque él y Sarai no tenían hijos. No entendía cómo Dios podía transformarlos en una gran familia y darles una tierra especial si no había ningún hijo para empezar esa familia. Entonces, una noche, Dios le dijo que saliera a mirar el cielo. Estaba muy oscuro, excepto por las estrellas que brillaban en todo el cielo... había más de las que Abram podía contar. Dios prometió que un día, Abram y Sarai tendrían un hijo, y de ese hijo vendrían nietos y bisnietos... ¡y así hasta que hubiera más hijos que todas las estrellas en el cielo! Dios le dijo a Abram que esos hijos también serían hijos de Dios, Su pueblo especial y elegido.

Aunque Abram no sabía cómo eso podía ser verdad o posible, estaba seguro de que Dios siempre dice la verdad. Entonces, le creyó a Dios y lo adoró, sabiendo que un día, tendría un hijo y su familia viviría en la hermosa tierra que Dios había prometido para Su pueblo. Y Dios se puso muy contento porque Abram le creyó.

—*Tomado de Génesis 12–15*

Preguntas

* ¿Qué les dijo Dios a Abram y Sarai que hicieran al principio de la historia?

* Si Dios te dijera que fueras de viaje y dejaras atrás tu casa, ¿qué te llevarías?

* ¿Qué prometió Dios que le daría a Abram y a su familia algún día?

* ¿Qué le dijo Dios a Abram sobre las estrellas en el cielo?

La promesa increíble y especial

Dios había llevado a Abram y a Sarai en un viaje y les había mostrado la hermosa tierra que algún día sería de su familia. Abram y Sarai estaban confundidos porque ya eran ancianos, demasiado viejitos para tener un bebé. Pero amaban a Dios, así que le creyeron. Sin embargo, seguían pasando los años y todavía no tenían un hijo, así que empezaron a pensar que tal vez no habían entendido bien lo que Dios dijo.

Porque ahora Abram tenía NOVENTA Y NUEVE años y Sarai tenía NOVENTA, y TODAVÍA no tenían un bebé.

Entonces, Dios le habló a Abram con mucho amor y seguridad. Le dijo que le hacía una promesa especial, una promesa que se llama pacto. Un pacto es una promesa que dura para siempre y que está llena de amor y no se puede romper nunca. Dios le dijo a Abram que Su pacto con él era que todo el pueblo de Dios a partir de entonces vendría de Abram y Sarai. Le dijo que de él vendrían reyes, pero lo más importante de todo, el pueblo de Dios saldría de Abram.

El pacto significaba que Dios amaría a todos sobre la tierra, pero tendría a un pueblo especial que sería suyo. Algún día, este pueblo tendría corazones tiernos que podrían amar, escuchar y obedecer a Dios como Adán y Eva habían hecho en el jardín antes de escuchar a la serpiente y desobedecer a Dios.

42

Dios le dijo a Abram que como señal de esta promesa,
él y Sarai tendrían nuevos nombres, Abraham y Sara, y
que pronto Dios les daría un hijo y lo llamarían Isaac.

Bueno, todo esto parece una noticia fantástica, ¿no? Es verdad… pero Abraham era súper híper viejísimo, ¿recuerdas? Y hacía mucho tiempo que Dios le venía prometiendo un hijo. Parecía un poco difícil de creer, así que Abraham se tiró al suelo y se rio. En serio. La Biblia dice que se tiró al suelo y se rio.

Abraham le dijo a un amigo que tenía que encontrar a Sara y darle el mensaje de Dios de que tendría un hijo. Bueno, Sara estaba detrás de la puerta de la tienda, escuchando, y oyó todo lo que Abraham dijo. ¿Y sabes qué? Hizo exactamente lo mismo que Abraham. También se rio.

Dios le dijo a Abraham que Sara se había enterado y se había reído. Pero Dios no se reía. Hablaba en serio. Le recordó a Abraham que nada es imposible para Él. Y tenía razón porque, tal como dijo, poco tiempo después, Sara quedó embarazada y tuvo un hijo al cual le pusieron Isaac, tal como Dios les había mandado.

Parecía un poco loco, hasta ridículo, que alguien tan anciana como Sara tuviera un bebé. Pero Dios le había dicho a Abraham que ese era el plan. Algo que siempre vemos es que Dios hace lo que dice que hará. Así que, tal como dijo, nació Isaac, y en ese momento, su mamá y su papá no se rieron. En cambio, se llenaron de amor y alegría, porque se dieron cuenta de que Dios siempre cumple Sus promesas, incluso cuando parece imposible. ¡Estoy segura de que tu mamá y tu papá también estaban llenos de amor y alegría cuando naciste!

—*Tomado de Génesis 17, 18, 21*

Preguntas

* ¿Cómo se llamaba la clase especial de promesa que Dios le hizo a Abram?

* Si Dios hiciera un pacto contigo, ¿qué clase de pacto quisieras?

* ¿Qué hicieron Abraham y Sara cuando se enteraron de que Dios le daría a Sara un bebé aunque era anciana?

* ¿Qué le recordó Dios a Abraham cuando él y Sara se rieron de la noticia?

Una promesa sacrificial

Abraham y Sara estaban felices de tener a Isaac. Eran ancianos, pero Dios les dio mucha energía para que pudieran jugar con Isaac y enseñarle todo lo que tenía que aprender. A medida que pasaron los años y que Isaac fue creciendo, Abraham siguió amando y obedeciendo a Dios. Sabía que Isaac había nacido solo porque Dios siempre cumple Sus promesas. Así que siguió obedeciéndole con valentía.

Antes de seguir con la historia de Abraham, tienes que saber algunas palabras de la Biblia que todavía no mencionamos, pero que Abraham sabía muy bien. Primero, necesitas conocer la palabra *pecado.* Un pecado es algo que una persona hace cuando desobedece a Dios. Adán y Eva pecaron cuando desobedecieron a Dios y escucharon a la serpiente. Y como eran los primeros padres y todos venimos de ellos, todas las personas también pecaron. Esto significa que había mucho pecado en el mundo, y el pecado nos separa de Dios. Esto es un gran problema que nos lleva a la próxima palabra importante que tenemos que aprender y que tiene que ver con el pecado… *sacrificio.*

Dios le había dado una regla a Su pueblo. Todo el pecado debía ser castigado, pero como los amaba, pensó en una manera para que ellos no recibieran todo el castigo que merecían. En vez de castigarlos a ellos, los que pertenecían al pueblo de Dios debían darle algo especial a Dios que pudiera quitar su pecado. Tenían que entregarle a Dios uno de sus mejores animales. El regalo era un sacrificio. Los animales no eran mascotas. Se tenían para hacer alimento o para comerlos, así que cuando la gente le daba uno de los mejores animales a Dios y el castigo caía sobre el animalito, la persona igual se sentía mal. A nadie lo ponía contento dar un animal bueno. Pero el pecado no debería ponernos contentos; debería hacernos dar un sacrificio. Cuando las personas ofrecían un sacrificio, esto también mostraba que creían que Dios cumpliría Su promesa de darles alimento. El pueblo debía construir un lugar especial para adorar, llamado *altar,* donde oraba a Dios y le pedía que perdonara sus pecados. Después, colocaban al animal encima del altar y lo mataban.

Esto puede dar un poco de miedo o ponernos tristes. Y así era, pero ¿recuerdas que Dios dijo que habría muerte porque Adán y Eva habían comido del fruto de aquel árbol en el jardín? Bueno, esta era una clase de muerte que Dios sabía que sucedería debido a su pecado. Pero hay una noticia buenísima, fantástica, increíble y genial: ya no tenemos que matar animales por nuestro pecado. ¿Por qué? Bueno, Dios nos mostrará parte de la respuesta en esta historia de Abraham e Isaac.

Abraham sabía todo esto de matar a un animal para obedecer a Dios por el pecado. Había aprendido que Dios lo amaba y que siempre cumple Sus promesas. Y Abraham sabía que podía confiar en Dios. Una mañana, Dios le dijo a Abraham que hiciera algo que probablemente parecerá confuso. Le dijo que llevara a Isaac, el hijo al que tanto amaba, a la cima de una montaña y lo matara como un sacrificio por el pecado. ¿Me escuchaste? Dios le dijo a Abraham que matara a su propio hijo. Al hijo que tanto amaba. Por supuesto, Abraham no quería hacerlo, pero sabía que tenía que obedecer a Dios.

Abraham le dijo a Isaac que fuera con él a la montaña para ofrecer un sacrificio por sus pecados. En el camino, Isaac se sintió confundido y empezó a preguntarle a su papá adónde estaba el animal para el sacrificio. Su padre le dijo que no se preocupara, que Dios proveería el animal.

Subieron y subieron por la montaña, y Dios le mostró a Abraham dónde detenerse. Abraham construyó un altar, donde se ponía a los animales para matarlos… pero esta vez, no había ningún animal. Seguramente, el corazón le latía a toda velocidad, y es probable que tuviera los ojos llenos de lágrimas por la preocupación de que Dios realmente le hiciera matar a su propio hijo.

Abraham apiló la leña sobre el altar, e incluso ató a Isaac y lo puso sobre la leña. Isaac seguro estaba confundido y asustado, y probablemente lloraba mientras su papá levantaba el cuchillo en el aire por encima de él. En ese momento, con el cuchillo en el aire a punto de bajar sobre Isaac, Dios le habló a Abraham en voz alta y le dijo: «¡Abraham, Abraham!». Le dijo que bajara la mano y mirara en un arbusto cercano. Allí, atrapado entre las ramas, había un animal. Ahora, Abraham podía sacrificar al animalito en vez de a Isaac. Dios había provisto el sacrificio.

Estoy segura de que Abraham le dio a Isaac un gran abrazo cuando lo bajó del altar. Abraham había obedecido a Dios y había estado dispuesto a entregarle lo que más amaba: a su hijo. Entonces, Dios le dijo que bendeciría a Abraham y a toda su familia y los cuidaría por todas las generaciones. ¡Y llegaría el día en que Dios prometió dar un sacrificio perfecto para que nunca más tuviéramos que ofrecer otro sacrificio!

—*Tomado de Génesis 22*

Preguntas

✳ **¿Cómo se llama desobedecer a Dios?**

✳ **¿Cómo castigaba Dios el pecado del pueblo?**

✳ **¿A quién le dijo Dios a Abraham que tenía que sacrificar?**

✳ **¿Qué le dijo Dios a Abraham cuando él tenía la mano en el aire con el cuchillo?**

Promesas de ensueño

Isaac creció y se casó. Junto con su esposa, tuvieron dos hijos, Jacob y Esaú. Después, Jacob se casó y tuvo *doce* hijos. Escuchaste bien, doce hijos. El hijo número once se llamaba José, y Jacob lo amaba muchísimo. Incluso le hizo una túnica especial y más elegante que la que tenían sus hermanos. Los hermanos de José vieron la túnica y se dieron cuenta de cuánto lo amaba su padre, así que se enojaron y se pusieron celosos de José.

Entonces, una noche, José tuvo un sueño que hizo enojar aún más a sus hermanos. Soñó que él y sus hermanos tenían cada uno un manojo de trigo, ¡pero sus manojos se inclinaban delante del manojo de José! Los hermanos pensaron que era ridículo. José era casi el más pequeño, ¡así que nunca tendrían que inclinarse ante él! ¿Quién se creía que era? ¡José nunca sería su líder!

Bueno, adivina qué… ese no fue el único sueño que tuvo José. Otra noche, ¡soñó que el sol y la luna y once estrellas (como sus once hermanos) se inclinaban ante él! Esta vez, no solo les contó el sueño a sus hermanos, sino también a su padre. Hasta Jacob se enojó con José esta vez, y los hermanos estaban totalmente furiosos.

Un día, los hermanos de José estaban lejos de la casa, cuidando las ovejas de su papá. Jacob le dijo a José que fuera a ver cómo estaban sus hermanos y las ovejas, así que José se puso su túnica especial y salió a encontrar a sus hermanos.

Los hermanos, que estaban trabajando en el campo, lo vieron venir.
Uno de ellos tuvo una idea, y enseguida se pusieron a hablar sobre qué podían hacer para enseñarle a José una lección sobre hacerse el importante. Sus corazones estaban endurecidos con celos y enojo, y no les importaba si desobedecían a Dios. Todos los hermanos menos uno querían matar a José, pero Rubén, el hermano mayor, dijo que en cambio lo podían arrojar a un pozo bien hondo.

Así que eso fue lo que hicieron. Cuando José llegó, los hermanos le sacaron la túnica y lo arrojaron al pozo. Después, se sentaron a almorzar como si no pasara nada. Mientras comían, pasaron por ahí unos comerciantes que viajaban comprando y vendiendo cosas, incluso personas. Entonces, a los hermanos se les ocurrió una idea. ¡Podían librarse de José *y* ganar algo de dinero! Sus corazones estaban endurecidos y enojados. Eran celosos y malos. Así que vendieron a su propio hermano como esclavo a cambio de unas pocas piezas de plata. Después, rompieron la túnica de José, le pusieron sangre de un animal y se la llevaron a su padre, Jacob.

57

Cuando Jacob vio la túnica, supo que solo podía significar una cosa: José estaba muerto. Jacob se sintió desconsolado. Se rompió la ropa y lloró sin parar por el hijo al que creía que nunca volvería a ver.

Pero José no estaba muerto. Es más, estaba llegando a Egipto, una tierra en la que un rey algún día necesitaría la ayuda de alguien como José. Verás, Dios promete que *Él* elige a los que se transformarán en líderes, y había elegido a José. Los hermanos pensaron que se estaban librando de él, ¡pero ya veremos cómo participaron para hacer que los sueños de José se transformaran en promesas!

—*TOMADO DE GÉNESIS 24–25, 35, 37*

Preguntas

✳ ¿Cuántos hijos tenía Jacob?

✳ ¿Por qué a José no lo querían sus hermanos?

✳ ¿Qué regalo especial le dio a José su papá?

✳ ¿Cómo crees que se sintió José cuando sus hermanos lo arrojaron al pozo?

La promesa del prisionero

En la tierra lejana de Egipto, José era el prisionero del rey. Pero José no estaba solo; Dios estaba con él. Era parte del pueblo de Dios, y Dios le había dado un regalo muy especial, el regalo de entender los sueños y cómo estos contaban lo que Dios haría. Bueno, no era algo que pasaba con todos los sueños, pero el don especial de José se debía a que tenía un corazón tierno que estaba conectado con el corazón de Dios. Esto fue mucho antes de que existiera la Biblia, ¡pero José podía escuchar claramente a Dios y saber lo que le estaba diciendo!

Así que, tiempo después de que los hermanos de José lo vendieran como esclavo y terminara en una prisión egipcia, dos de los ayudantes del rey le contaron a José sus sueños. Los hombres estaban muy confundidos, pero José les explicó lo que significaban esos sueños. Les dijo que revelaban lo que Dios haría en el futuro, y al poco tiempo, todo lo que José había dicho se cumplió. Entonces, los hombres supieron que José era un hombre que podía escuchar a Dios.

Luego de dos años larguísimos, nada divertidos y muy difíciles, José seguía atrapado en la cárcel. Pero todavía amaba a Dios y creía en Él, y tenía un corazón tierno para Dios. José sabía que Dios no se había olvidado de él, porque se acordaba de los sueños que le había dado… sueños que mostraban que, un día, José sería un líder que los demás admirarían. Tal vez a sus hermanos no les gustaban esos sueños, pero José sabía que eran verdad.

Un día, el rey tuvo dos sueños. Sabía que eran importantes, pero no los entendía, así que pidió ayuda. Uno de sus hombres se acordó de la vez en que José le había dicho qué significaba su sueño, así que le contó al rey sobre José. El rey, al que llamaban Faraón, llamó a José y le contó todo lo que había soñado.

En el primer sueño, siete vacas salían de un río. Estas vacas eran grandes y darían mucha carne para que la gente comiera. Pero después, aparecieron siete vacas pequeñas y flacas. Estas vacas pequeñas, que parecían enfermas, no tenían nada de carne, ¡pero se *comieron* a las vacas más gordas y saludables! Entonces, Faraón tuvo *otro* sueño. En este sueño, siete espigas de trigo grandes crecían de un solo tallo. Después, siete espigas pequeñas, resecas y marchitas brotaron y se tragaron a las siete que estaban llenas de grano. Cuando tuvo este segundo sueño, Faraón se preocupó mucho y pidió ayuda.

Entonces, José escuchó los sueños del rey. Como Dios le había dado a José un don especial, José supo exactamente qué significaban estos sueños. Le dijo a Faraón que los sueños significaban que habría siete años con mucha comida para cultivar y comer, pero después vendrían siete años más donde los animales morirían y no crecería alimento en la tierra. Después, le dijo que Dios le había dado este sueño para que el rey pudiera proteger a su pueblo de morirse de hambre. José le contó a Faraón un plan de Dios para guardar suficiente comida; así, cuando llegaran los siete años de hambre, todo el pueblo de Egipto tendría suficiente alimento.

Enseguida, Faraón se dio cuenta de que José escuchaba a Dios. Estaba tan agradecido por la ayuda de José que lo puso a cargo del plan para guardar la comida. Y así, José se transformó en un líder poderoso en la casa del rey. Ya no era un prisionero. Dios lo había protegido y lo había puesto como líder, tal como le había anunciado tanto antes, ¡aunque José había estado atrapado y lo habían dejado solo!

—*Tomado de Génesis 37, 40–41*

Preguntas

✹ **¿Qué era José cuando lo llevaron a Egipto?**

✹ **¿Cuál era el don especial que Dios le dio a José?**

✹ **¿Qué le dijo José a Faraón que significaban sus sueños?**

✹ **¿Qué hizo Faraón con José cuando él le dijo lo que significaban sus sueños?**

La promesa de provisión

José pasó de ser un prisionero a ser uno de los líderes más importantes de Faraón. El rey mandó a hacer ropas hermosas para José y le dio su propio carruaje. Allí, José viajaba por Egipto, para asegurarse de que todos cultivaran y guardaran suficiente comida antes de que se cumplieran los siete años y la tierra ya no diera alimento. La vida de José había cambiado tanto que ya no era el muchachito al que sus hermanos celosos habían tirado a un pozo y dicho que estaba muerto. Ahora, José tenía poder, pero recordaba que Dios era el que lo había protegido, le había dado el don de entender sueños y merecía la adoración y la alabanza. Dios le había dado a José todo lo que necesitaba. Una manera adulta de decir que Dios le dio a José lo que necesitaba sería decir que *proveyó* para José.

Durante siete años, la tierra dio mucha comida, pero de repente paró, tal como José había dicho. La tierra ya no producía comida y los animales se murieron. Pero en Egipto todo estaba bien, porque Dios le había avisado a Faraón lo que pasaría a través de José, así que estaban preparados. José se había asegurado de que hubiera comida almacenada para todas las personas en Egipto. Es más, había guardado un poco de más para las personas de otras tierras cercanas, porque sabía que también tendrían hambre y se enterarían de que había comida en Egipto. Faraón quería asegurarse de que los egipcios recibieran comida primero y que toda la otra comida se entregara en forma justa. Entonces, puso a José a cargo; solo los que tenían su aprobación recibían comida de la que había guardada. Faraón sabía que tenían que hacer que la comida durara siete años, si no, morirían de hambre.

Mientras tanto, el padre de José (Jacob) y sus once hijos vivían muy lejos. No se habían enterado de que llegaría un momento en el que no habría más comida, así que se estaban quedando sin alimento y tenían hambre. El padre de José se enteró de que en Egipto vendían comida, así que reunió a sus hijos y les dijo que fueran a Egipto a comprar algo de grano. Como todavía estaba muy triste porque pensaba que José había muerto, no quiso que su hijo más pequeño, Benjamín, fuera a Egipto. Jacob nunca se había olvidado de José y lo amaba profundamente.

Los hermanos de José llegaron a Egipto y los llevaron ante su hermano para comprar alimento. José los reconoció enseguida, pero ellos no sabían quién era, porque estaba vestido con ropa egipcia muy elegante. Se inclinaron ante él, y José se acordó del sueño que había tenido donde ellos se inclinaban. Como vio que su padre y uno de sus hermanos no estaban allí, les puso una prueba. Cuando pidieron si podían comprar grano, ¡José les dijo que eran espías! Ellos trataron de convencerlo de que no eran espías, de que tenían dinero y tenían que volver con alimento a su casa para que su padre y su hermano menor no se murieran de hambre. José los puso en la cárcel tres días mientras pensaba en qué hacer.

Mientras estaban en la prisión, Rubén les recordó a sus hermanos cómo habían vendido a José. Les dijo que se estaban muriendo de hambre en la cárcel por ese pecado. Rubén dijo todo esto en frente de José, porque no sabía que él hablaba su idioma y podía entenderles, pero él sí escuchó y sí entendió.

Cuando José escuchó que Rubén hablaba con tristeza sobre cómo lo habían tratado, tuvo que alejarse de ellos porque se puso a llorar. Aunque había confiado en Dios cuando sus hermanos fueron tan malos con él, todavía le dolía mucho, y las lágrimas aparecieron rápidamente. José todavía no sabía si le estaban diciendo la verdad sobre Benjamín y su padre. Pero si le decían la verdad, bueno, él sabía lo que tenía que hacer.

Mientras tanto, tal como había prometido, Dios había hecho exactamente lo que dijo que haría. Había permitido siete años buenos y ahora habían llegado los siete años difíciles, y había traído a los hermanos de José a inclinarse delante de él. Ahora, esos hermanos tenían que esperar…

—*TOMADO DE GÉNESIS 41–43*

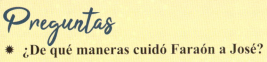

Preguntas

* ¿De qué maneras cuidó Faraón a José?

* ¿Qué les pidió Jacob a sus hijos?

* ¿Qué hicieron los hermanos de José cuando se encontraron con él por primera vez en Egipto?

* ¿Qué crees que hará José con sus hermanos?

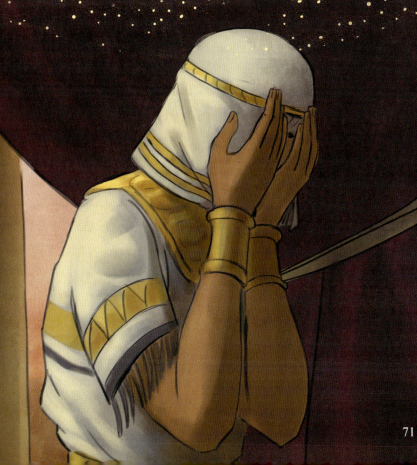

Una promesa soberana

Era el momento. José enfrentó a sus diez hermanos y les dijo que les permitiría volver a su casa. Los enviaría con alimento que podían comprar, pero ellos debían traer a su hermano, Benjamín, de regreso con ellos. Para asegurarse de que volvieran, José mantendría a uno de los hermanos, Simeón, en la cárcel. Los hermanos no lo sabían, pero José hizo que pusieran todo su dinero otra vez en sus bolsas, junto con el grano.

Entonces, los hermanos viajaron a su casa. En la primera parada, uno de ellos abrió su bolsa y vio que estaba todo el dinero allí. Estaban muy confundidos y se preguntaban qué estaría haciendo Dios. Cuando llegaron a su casa y abrieron las otras bolsas, ¡encontraron dinero en cada una de ellas! Los hermanos no sabían si alguien los estaba engañando y castigando por lo que le habían hecho a José, no solo al venderlo como esclavo, sino también al permitir que su padre pensara que estaba muerto. Sus corazones todavía estaban endurecidos, pero tenían miedo de Dios. Sabían que Él tenía el control y que merecían un castigo.

Los hermanos le contaron a Jacob todo lo que había sucedido. Le explicaron que los hombres de Faraón habían encarcelado a Simeón y exigían que Benjamín fuera con ellos a Egipto. Pero el padre de José no quería saber nada con eso. Ya había perdido a José, y ahora a Simeón. Tenía miedo de perder a Benjamín también.

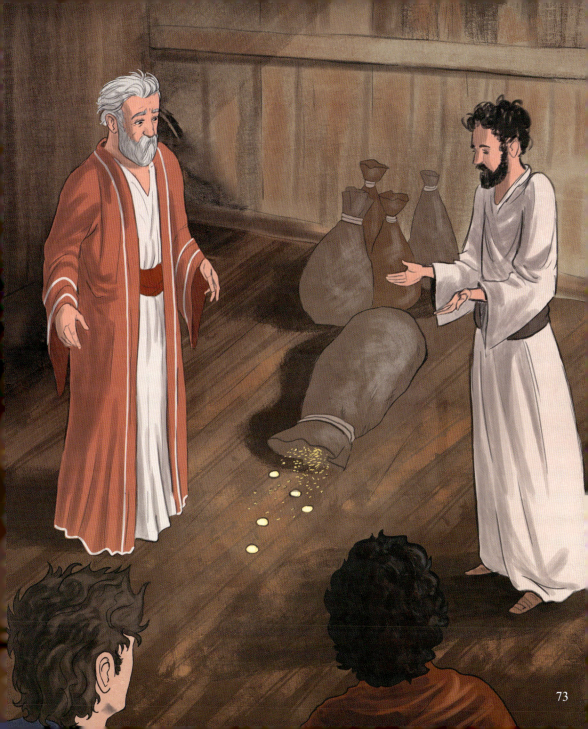

Sin embargo, cuando se acabó el alimento, el padre de José se dio por vencido y les dijo a los hermanos que podían llevar a Benjamín. Pero también pidió que llevaran un regalo de miel y nueces para el líder de Faraón, junto con el doble del dinero. Así podían decirle al líder que habían encontrado el dinero en sus bolsas. El padre les rogó que trajeran de regreso a Simeón, junto con Benjamín.

Los hermanos hicieron todo lo que su padre les pidió y al poco tiempo estaban frente a José una vez más. Él vio a Benjamín y supo que le habían dicho la verdad. Hizo preparar una comida para que comieran todos juntos, y empezó a preguntarles por su padre. Cuando le dijeron que estaba vivo, José se llenó de felicidad. Miró a Benjamín… José estaba otra vez con todos sus hermanos. Pero como todavía no estaba seguro de poder confiar en ellos, decidió que necesitaba hacerles una prueba más.

Mandó que sus sirvientes pusieran una copa de plata en la bolsa de Benjamín. Entonces, al día siguiente, reunió a los hermanos y los envió de regreso a su casa, junto con Simeón. Después, les pidió a sus sirvientes que siguieran a los hermanos y los detuvieran. Uno de los sirvientes dijo:

«¡Alguien se robó la copa de plata de mi amo, y el que la haya robado tendrá que servir en la casa de Faraón para siempre!». Los hermanos aseguraron que no habían robado nada, pero cuando los sirvientes encontraron la copa en la bolsa de Benjamín, fueron llevados otra vez ante José.

Enseguida, Judá empezó a rogarle a José que no se quedara con Benjamín. Le dijo que su padre ya había perdido un hijo y que moriría si perdía a Benjamín también. Después, le dijo que si alguien tenía que quedarse como siervo, que por favor lo aceptara a él y permitiera que Benjamín volviera a casa con su padre.

José ya no podía esconder sus sentimientos. Les dijo a sus siervos que salieran, para quedarse solo con sus hermanos. Cuando estaban solos, José empezó a llorar y exclamó: «¡Yo soy José! ¿De verdad está vivo mi padre, Jacob?». Al principio, los hermanos tenían miedo, porque sabían lo que le habían hecho, pero José les dijo que no tuvieran miedo ni se preocuparan. Creía que Dios lo había enviado a Egipto para salvarles la vida al poder guardar alimento para la tierra. Dijo que en realidad no habían sido sus hermanos los que lo enviaron a Egipto, sino Dios. Explicó que Dios tenía el control de todas las cosas y que tenía un gran plan.

José envió a los hermanos de regreso a casa con toda clase de comida, y les dijo que trajeran a su padre. Explicó que ahora era un hombre de mucho poder, y podría darles un lugar para vivir en Egipto y cuidarlos como nunca antes. Sus hermanos hicieron lo que él les mandó, y cuando su padre vio todo lo que José había enviado (carros llenos de comida y provisiones), y se dio cuenta de que su hijo perdido estaba vivo, ¡el corazón de Jacob se ablandó y adoró a Dios dándole gracias como hacía muchos años que no adoraba!

Cuando sus hermanos lo vendieron como esclavo, nadie habría imaginado cómo resultaría la vida de José. Pero Dios siempre lo supo, y siempre tuvo el control. Te diré algo sobre Dios que es de grandes, y es SÚPER importante que lo sepas: Él es *soberano,* y eso significa que tiene el control de todo lo que pasa. No solo tenía el control de lo que le pasó a José; también tiene el control de lo que sucede en tu vida. ¡Ya conoce muy bien todas las aventuras que tiene planeadas para tu vida!

—*Tomado de Génesis 42–45*

Preguntas

* ¿Por qué Judá se ofreció como voluntario para tomar el lugar de Benjamín como sirviente?

* ¿Cómo crees que se sintieron los hermanos de José cuando José les dijo que no estaba enojado con ellos?

* ¿Qué crees que quiso decir José cuando declaró que Dios era el que lo había enviado a Egipto?

* ¿Quién estuvo con José en toda la historia, y fue el único al que José siempre escuchaba?

La promesa entre los juncos

José vivió con su familia en Egipto durante muchos años, y envejeció allí. Cerca de la época en que murió, el faraón al que había servido también murió. Pasó mucho, mucho tiempo, y el nuevo rey, el nuevo faraón, no tenía el corazón abierto a Dios como el anterior. El nuevo faraón creía que era el único rey y pensaba que el pueblo de Dios era una amenaza, porque para ellos, Dios era su rey. El faraón se preguntó qué pasaría si el pueblo decidía ponerse de acuerdo y tratar de matarlo, para que uno de ellos pudiera ser el rey.

Entonces, tuvo una idea. Una idea horrible y espantosa. Pero como era el rey, podía transformar sus ideas horribles en reglas.

El faraón transformó al pueblo de Dios en esclavo. Los puso a trabajar muchísimo, y les complicaba el trabajo para que les costara más. Pero ellos seguían teniendo bebés, y el faraón se preocupó de que un día, ellos crecieran y llegaran a ser más poderosos que él. Su corazón egoísta estaba endurecido con Dios, así que se le ocurrió una idea incluso más horrible.

Verás, cuando alguien tenía un bebé, había mujeres especiales que ayudaban a la mamá para que el bebé naciera. Bueno, la regla espantosa del faraón fue que esas mujeres tenían que matar a los bebés varones apenas nacieran. En serio. Hizo una regla para matar bebés. ¿Se te ocurre alguna regla más horrible y malvada? Bueno, ¿adivina qué? Las mujeres que ayudaban a nacer a los bebés sabían que el pueblo de Dios era especial y que Dios era real, así que no le hicieron caso a esa regla. Siguieron ayudando a los bebés varones, y a Dios le gustó mucho lo que hicieron.

79

Pero este faraón estaba enojado, y estaba decidido a matar a los bebés varones para que no pudieran crecer y ser lo suficientemente fuertes como para pelear contra él. Les dijo a todos los que vivían en Egipto y que no eran del pueblo de Dios que, si veían a un bebé varón del pueblo de Dios, ¡se lo llevaran y lo tiraran al río!

No era un momento fácil para formar parte del pueblo de Dios, así que a veces ellos oraban y pedían ayuda, pero confiaban en Dios y sabía que los protegería. Conocían las historias sobre cómo Él había ayudado a Abraham, a Isaac, a Jacob y a José. Una mujer llamada Jocabed, que pertenecía al pueblo de Dios, también conocía estas historias. Cuando dio a luz a un bebé varón, también sabía la regla del rey que decía que debía arrojar al niño al río para ahogarlo. Así que lo escondió todo el tiempo que pudo.

Un día, Jocabed estaba cerca de la orilla del río cuando vio a unas mujeres egipcias que estaban cerca. Puso al bebé en una cesta y colocó la cesta entre unos juncos a la orilla del río. Después salió corriendo, orando para que Dios protegiera a su hijo.

El bebé tenía una hermana mayor llamada Miriam que se quedó a ver qué pasaba. Al rato, una de las mujeres egipcias escuchó al bebé llorar y lo vio en la cesta. Al mirarlo, se dio cuenta de que era uno de los bebés del pueblo de Dios. Conocía la regla, pero sintió mucho amor por el bebé, así que no lo arrojó al agua como tenía que hacer.

En cambio, empezó a tratarlo ahí mismo como su hijo. No sabía que Miriam era la hermana mayor del niño, y le pidió si podía encontrar a alguien que cuidara al bebé hasta que fuera lo suficientemente grande como para ir a vivir con ella. ¡La mujer egipcia no sabía que la mujer que lo cuidaría un tiempo más era la misma Jocabed, la madre del niño! Cuando el bebé creció, fue a vivir con la mujer egipcia que lo había sacado del río.

La mujer lo llamó Moisés, y Moisés tuvo una madre adoptiva extraordinaria, porque era la hija del rey. Exactamente… el mismo rey, el mismo faraón que había ordenado matar a todos los bebés varones del pueblo de Dios terminó teniendo a un pequeñito del pueblo de Dios viviendo en su casa, criado por su hija, ¡y no lo sabía! Pero Dios sí. Él había protegido a Moisés, y tenía planes maravillosos para aquel pequeñito. No importaba que el rey hubiera querido destruirlo. Nadie puede detener los planes de Dios. Aun si su pueblo empieza en una cesta entre los juncos y con un rey en contra, ¡Dios siempre lo protegerá!

—*Tomado de Éxodo 1–2*

Preguntas

✳ **¿Qué fue la primera cosa mala que hizo el faraón al pueblo de Dios?**

✳ **¿Qué fue la segunda regla horrible que hizo el faraón para el pueblo de Dios?**

✳ **¿Dónde lo puso al bebé su mamá? ¿Cómo crees que se sentía?**

✳ **¿Quién lo encontró y se transformó en su mamá adoptiva?**

La promesa del pecado

Moisés era parte del pueblo de Dios, pero creció como un egipcio. Vivía en la casa del faraón y tenía todas las cosas elegantes que el rey tenía para ofrecer. Pero Moisés sabía que no era egipcio. Sabía que era parte del pueblo de Dios. Y veía de cerca cómo el faraón y la mayoría de los egipcios trataban al pueblo de Dios.

Los golpeaban. Los obligaban a hacer tareas muy difíciles y no les pagaban bien por su trabajo. No les daban lo necesario para vivir y trabajar. Los trataban mal, y a veces incluso el faraón, sus soldados y algunos de los egipcios los torturaban.

Mientras tanto, Moisés tenía una vida fácil y lujosa. Podría haberse quedado en el palacio y todo le hubiera ido bien, pero él sabía que pertenecía al pueblo de Dios. Un día, salió del palacio y estaba caminando cerca de donde estaba el pueblo. Vio cómo los maltrataban, y su corazón empezó a endurecerse, incluso a endurecerse contra Dios, porque no entendía cómo Él podía permitir que pasara eso. Entonces, vio que un egipcio golpeaba a un hombre del pueblo de Dios, un hombre del pueblo de Moisés, y se enojó muchísimo. Se puso como loco. Se le endureció el corazón e hizo algo que Dios mandó que nunca tenemos que hacer.

Moisés mató al egipcio que había golpeado al otro hombre. No solo defendió al que estaban lastimando. No solo detuvo la pelea. Eso habría sido sabio, y habría sido lo que alguien con un corazón tierno hacia Dios hubiera hecho. En cambio, Moisés permitió que la dureza de su corazón lo controlara, y mató al hombre y lo enterró en la arena. Después, Moisés intentó hacer como si nada hubiera pasado. Se fue a su casa como siempre. Al día siguiente, vio a dos personas del pueblo de Dios que discutían. Se habían enterado de que Moisés había matado al egipcio y le tenían miedo. Entonces, le preguntaron si también los iba a matar a ellos. Moisés se dio cuenta de que había gente que sabía lo que había hecho.

Y tenía razón. El faraón se enteró e intentó matar a Moisés. Aunque Moisés había sido como un hijo para la hija del faraón, el rey se dio cuenta de que era parte del pueblo de Dios y no permitiría que uno de ellos matara a un egipcio y quedara sin castigo. Así que Moisés tuvo que huir. Corrió, corrió y corrió hasta que salió de Egipto.

Llegó a una tierra llena del pueblo de Dios y se sentó junto a un pozo para sacar algo de agua para beber. Mientras estaba ahí, llegaron siete hermanas a sacar agua, pero había unos pastores que querían echarlas. Moisés se acercó a defenderlas y les dio agua a sus ovejas. Cuando las muchachas llegaron a su casa, le contaron a su padre sobre Moisés, y el padre pidió que lo invitaran a su casa para agradecerle.

Moisés se enteró de que este hombre era un sacerdote del pueblo de Dios. Un sacerdote era un hombre que ayudaba a otros a hacer sacrificios por sus pecados. Quería mucho a Moisés, y Moisés se sintió honrado cuando le dio a una de sus hijas para que se casara con él. La Biblia no lo dice claramente, pero parece que en ese tiempo, Moisés le pidió perdón a Dios por matar al egipcio e hizo el sacrificio que había que hacer por ese pecado.

Aunque Moisés había pecado, Dios lo estaba cuidando. Moisés pudo quedarse con el pueblo de Dios, pero no se olvidó de los que habían quedado en Egipto. Y Dios tampoco se olvidó de Su pueblo.

Es más, tenía un plan para Su pueblo, un plan para Egipto y un plan para Moisés. Dios siempre cumpliría las promesas que les había hecho, aunque sabía que, al igual que Moisés, todos ellos pecarían. Y nosotros también pecamos. Los niños pecan. Los adultos pecan. La Biblia dice que todos pecan. Pero Dios nos asegura que abrió un camino para perdonarnos, cuando reconocemos nuestro pecado y le pedimos perdón. ¡Descubriremos más sobre cómo lo hace cuando aprendamos sobre Jesús!

—*TOMADO DE ÉXODO 2*

Preguntas

* **¿Qué pensaba Moisés sobre cómo trataban al pueblo de Dios en Egipto?**
* **¿Qué hizo Moisés cuando vio que un egipcio le pegaba a alguien del pueblo de Dios?**
* **Cuando Moisés descubrió que la gente sabía que él había pecado, ¿qué hizo?**
* **¿Cómo crees que se sintió Moisés después de matar al egipcio y salir corriendo?**

Elegidos para una promesa

Un día, Moisés estaba cuidando unas ovejas del padre de su esposa, cuando llegó a la montaña donde se hacían los sacrificios para Dios. De repente, vio algo de lo más extraño. Había un arbusto prendido fuego. Pero no era como otro arbusto prendido fuego, porque aunque había fuego, el arbusto no se quemaba. Moisés estaba mirando el arbusto, asombrado, cuando una voz le habló desde el arbusto y le dijo: «¡Moisés, Moisés!». ENSEGUIDA Moisés supo que era la voz de Dios. El Señor volvió a hablarle y le dijo: «Quítate las sandalias y no te acerques más, porque la tierra sobre la que estás es santa».

Moisés hizo lo que Dios le había dicho y escondió la cara, porque tenía miedo de mirar a Dios.

Entonces, Dios volvió a hablarle y le dijo que había visto cómo trataban a Su pueblo en Egipto. Ellos habían clamado a Dios en oración, pidiéndole que los salvara del sufrimiento de ser esclavos. Dios le dijo a Moisés que era hora de responder a esas oraciones, de sacar a su pueblo de Egipto. Él los llevaría a la tierra que le había prometido a Abraham que algún día le pertenecería a su pueblo. En esta tierra, fluiría la leche y la miel, y sería un lugar donde nadie los castigaría por ser parte del pueblo de Dios.

Dios le dijo a Moisés que volviera a Egipto y le contara al pueblo de Dios lo que Él había dicho. De inmediato, a Moisés le pareció una idea loca. ¿Qué prueba tenía de que Dios era el que lo enviaba? Dios le mostró que tenía que decir que «Yo soy, el Dios de Abraham, Isaac y Jacob» lo enviaba. A Moisés igual no le pareció que el pueblo creería que él tenía un mensaje de parte de Dios.

Entonces, Dios le dijo a Moisés que fuera delante del faraón y le dijera que Él lo había enviado a decirle que dejara ir a Su pueblo para que pudiera ir a adorarlo. Dios sabía que el faraón no lo escucharía. Tendría que hacer maravillas poderosas para mostrar Su poder, pero con el tiempo, Faraón los dejaría ir.

Sin embargo, Moisés... bueno, estaba asustadísimo. No le parecía que él tuviera mucho que aportar a ese plan. Así que empezó a decirle a Dios todas las razones por las cuales no funcionaría. Primero, pensó que Dios se equivocaba y que el pueblo no le creería que tenía un mensaje de parte de Él. Necesitarían alguna clase de señal. Dios le respondió: «¿Qué tienes en la mano?». Y Moisés le dijo: «Mi vara de pastor». Dios le dijo que la arrojara al suelo. Cuando lo hizo, ¡la vara se transformó en serpiente! Moisés salió corriendo, pero Dios le dijo que volviera y la agarrara de la cola. Cuando lo hizo, se volvió a transformar en vara.

Después, Dios le dijo a Moisés que pusiera la mano dentro su manto. Él obedeció y, cuando sacó la mano, parecía enferma y blanca como la nieve. Dios le dijo que volviera a meterla en el manto, y esta vez, cuando la sacó, se veía normal. Si el pueblo no le creía, Moisés podía hacer estas señales para probar que Él lo había enviado. Dios también le dijo que podía sacar algo de agua del río y transformarla en sangre, para mostrar otra señal. Así que, aunque Dios ya había elegido a Moisés como el líder y cumpliría Su promesa, calmó el temor de Moisés y le dio estas señales tranquilizadoras.

Peeeeeeeero… Moisés todavía no estaba convencido. Explicó que no podía hablar delante de muchas personas, así que no podía ser el que guiara al pueblo de Dios. El Señor le respondió que Él era el que había hecho la boca de Moisés, y que podía confiar en Él. Pero Moisés le rogó que enviara a otra persona. Aunque Dios estaba enojado porque Moisés era tan terco, igual fue amable con él. Volvió a decirle que lo había elegido para guiar a Su pueblo, y que eso no iba a cambiar, pero que Moisés podía decirle el mensaje de Dios a su hermano, Aarón, y permitir que Aarón hablara a las multitudes.

Dios le aseguró que estaría con él y le daría todo lo que necesitara… Y que lo había elegido para guiar a Su pueblo. Moisés pasó de ser un bebé en un canasto a un hombre que huía de su pecado, a uno elegido por Dios para librar a Su pueblo y llevarlo a la tierra que les había prometido. Moisés era un pecador y no podía hacer todo perfecto, así que pensó que seguramente había alguien mejor para servir a Dios. Pero Dios lo había elegido a él y lo usaría de maneras maravillosas.

—Tomado de Éxodo 3–4

Preguntas

* ¿Qué pasaba con el arbusto, que le llamó la atención a Moisés?

* ¿Qué le dijo Dios a Moisés que hiciera con sus sandalias, y por qué?

* ¿Cómo crees que se sintió Moisés cuando Dios le contó Su plan?

* ¿Qué señales le dio Dios a Moisés para mostrarle al pueblo que Él lo había enviado?

Promesas buenas y señales del mal

Moisés obedeció a Dios y volvió a Egipto, junto con Aarón. Enseguida fueron a ver al faraón, y Moisés anunció que Dios tenía un mensaje: Faraón debía dejar ir al pueblo de Dios al desierto para hacer una fiesta y adorar a Dios. Pero este pedido hizo enojar al faraón, y no quiso obedecer a Dios. En cambio, decidió hacerle más difícil las cosas al pueblo de Dios, los esclavos. Ellos tenían que hacer ladrillos con barro y paja, pero el faraón ordenó a sus hombres que dejaran de darles paja.

Faraón pensó que si era bien malo con el pueblo de Dios, podría probar que su Dios no era de verdad y que él no tenía por qué escucharlo. Por supuesto, eso no funcionaría, pero el pueblo de Dios era… bueno, bastante quejoso. Estaban cansados y escucharon que Moisés había sido enviado con un gran mensaje de liberación de parte de Dios. Pero hasta ahora, lo único que había pasado era que tenían más trabajo para hacer y era más difícil hacerlo. Además, Faraón estaba enojadísimo con ellos, y eso nunca era bueno.

El pueblo se quejó con Moisés, y Moisés se quejó con Dios. Pero Dios no cambió, porque Él nunca cambia. En vez de eso, le dijo a Moisés que se preparara, porque vería el gran poder de Dios. Le dijo que había endurecido el corazón del faraón, y que el rey no permitiría que el pueblo se fuera hasta que hubiera muchas señales y maravillas. Dios le recordó a Moisés que era el Dios de Abraham, Isaac y Jacob. Había prometido liberar a Su pueblo de la esclavitud y lo haría, sin importar lo que el faraón dijera.

Dios le dijo a Moisés que fuera ante el faraón y volviera a decirle que dejara ir a Su pueblo. Pero Dios dijo que esta vez, el faraón querría ver una señal. Entonces, Moisés volvió a ir con el mismo mensaje, y efectivamente, esta vez el faraón quiso ver una señal de que el mensaje era de parte de Dios. Así que Moisés hizo lo que Dios le había dicho y le pidió a Aarón que arrojara su vara al suelo. ¡Se transformó en una víbora! El faraón se mostró un *poquito* impresionado, pero llamó a unos hechiceros que practicaban el mal. Esa maldad venía de aquella primera víbora del jardín que había engañado a Eva. Faraón les pidió que transformaran su vara en serpiente, y así lo hicieron.

99

Dios no es el único que tiene poder en este mundo. Ya lo vimos en el jardín con la serpiente que engañó a Adán y a Eva. Sin embargo, Dios es el que tiene el poder SUPREMO en este mundo. Y Sus señales son las únicas señales verdaderas. Eso era lo que estaba a punto de enseñarle al faraón.

Dios mostró Su poder haciendo que la víbora de Aarón se tragara a las serpientes que los hombres malvados habían hecho. Esa fue una primera señal clara de que Dios es el único Dios verdadero y nunca será vencido. Pero ahí empezaba una batalla entre Dios y el faraón. Faraón creía que estaba tomando sus propias decisiones, pero no sabía que Dios ya había decidido el resultado. Dios había endurecido el corazón del faraón para poder mostrar Su poder y que todos supieran que Él es el único Dios verdadero. Pero eso no fue lo único que mostró. Dios también mostró que dejaría que Su pueblo participara en la manera en que los protegería. Él no necesita ninguna ayuda para cumplir Sus promesas, pero permite que Su pueblo sea parte de lo que Él hace, ¡y eso es como una promesa encima de otra promesa para nosotros!

—*Tomado de Éxodo 5–7*

Preguntas

✳ **¿Cuál fue el mensaje que Moisés le dio a Faraón de parte de Dios?**

✳ **¿Qué quería Dios que Su pueblo hiciera cuando lo liberaran?**

✳ **¿Qué señal hizo Moisés, y cómo respondió el faraón?**

✳ **¿Qué te parece que estaría pensando el pueblo de Dios mientras pasaba todo esto?**

Plagas de promesa

El corazón del faraón estaba endurecido hacia Dios. El pueblo de Dios seguía sufriendo. Dios había escuchado sus oraciones y pedidos de ayuda, y los rescataría. Había enviado a Moisés a advertirle al faraón, pero Faraón no quiso obedecer el mandamiento de Dios y permitir que el pueblo saliera de Egipto para ir a adorarlo. Ahora, debería pagar las consecuencias.

Dios le dijo a Moisés que fuera a encontrarse con el faraón cuando iba al río temprano por la mañana. El río o uno de los arroyos o lagunas que salían de ahí eran los lugares donde todos iban a sacar agua para beber y bañarse. No había lavabos ni grifos como tenemos hoy, así que si había agua para beber o usar, venía de la tierra. Dios le dijo a Moisés que le avisara al faraón que con esta señal sabría que Moisés traía palabra del Señor. Moisés obedeció y le dijo al faraón todo lo que Dios le había mandado, y luego Aarón hizo lo que el Señor había mandado y golpeó el agua del río con su vara. De inmediato, toda el agua del río se transformó en sangre. Entonces, Aarón tomó su vara y extendió la mano sobre toda el agua de Egipto, y también se transformó en sangre.

El pueblo no tenía agua para beber, ni cocinar ni bañarse. Todos los peces que estaban en el agua se murieron. Y había un olor apestoso. Era horrible. Además, un río inmenso lleno de sangre en vez de agua es algo muy desagradable. Ese fue el primer castigo de Egipto porque el faraón había desobedecido a Dios. El Señor llamó *plagas* a este castigo y a los que estaban por venir. Una plaga es una situación muy mala que alcanza a muchas personas. Como el faraón era el líder de su pueblo, cuando su corazón se endureció hacia Dios, su desobediencia hizo que muchas otras personas sufrieran.

Pero no terminó cuando el agua se transformó en sangre. Una semana después, el corazón del faraón seguía endurecido, y los egipcios escarbaban en la tierra intentando encontrar agua para beber, cuando llegó la segunda plaga. Una vez más, el faraón se había negado a dejar ir al pueblo de Dios, a pesar de que el Señor le había advertido que enviaría una plaga de ranas. Tal vez parezca un poco gracioso. Un río sangriento es desagradable, claro, pero las ranas pueden ser divertidas y tiernas, ¿no? Bueno, estas ranas no eran ni divertidas ni tiernas, porque estaban POR TODOS LADOS. Entraban en las habitaciones y en las camas y en los platos cuando la gente intentaba comer. Se trepaban por los vestidos y saltaban por todas partes. Estaban en todos lados, todo el tiempo.

Pero el faraón siguió diciendo que no, y este ciclo se repitió durante semanas. Moisés y Aarón iban a ver al faraón y le decían que Dios mandaba que dejara ir a Su pueblo para que fuera a adorarlo. El faraón decía que no, y Dios enviaba otra plaga. A veces, el faraón decía que los dejaría ir, para que se acabara la plaga, pero después, con el corazón endurecido, mostraba que tan solo había mentido para que Dios trajera alivio.

Después de las ranas, vinieron los mosquitos, pequeños insectos que llenaban el aire, así como la nariz, las orejas y la boca de la gente. Después, llegaron las moscas… una versión más grande de los mosquitos que volaban y zumbaban por todas partes. Pero el corazón del faraón seguía endurecido. En la cuarta plaga, todos los animales de Egipto se murieron… pero los animales del pueblo de Dios siguieron con vida. Pasó otra semana, y la sexta plaga fueron unas llagas enormes que cubrieron la piel de los egipcios. Estas llagas eran dolorosas y supuraban con algo muy asqueroso, pero aun así, el faraón no quiso dejar ir al pueblo de Dios. Entonces, el Señor le dijo a Moisés que fuera a recordarle al faraón que, como no quería dejar ir a Su pueblo, Él mostraría Su poder a través de estas plagas.

    Otra vez, el faraón dijo que no, y llegó una séptima plaga… una plaga potente, peligrosa y majestuosa de truenos y rayos como nadie había visto jamás. Con ella, cayó un granizo gigante que golpeó los campos, los árboles, los animales y a las personas con su poder. Pero el corazón del faraón seguía endurecido contra Dios, y no quiso dejar ir a Su pueblo. Con la octava plaga, aparecieron langostas por todos lados, y se comieron el grano, los árboles y llenaron las casas de los egipcios. Pero el corazón del faraón seguía endurecido. Después, vino la novena plaga: la oscuridad. Cuando Moisés obedeció a Dios y extendió su mano al cielo, hubo una absoluta oscuridad durante tres días donde vivían los egipcios. Sin embargo, donde vivía el pueblo de Dios, había luz.

    Moisés fue una vez más ante Faraón y le pidió que dejara ir al pueblo de Dios. Pero el faraón volvió a decirle que se fuera, y no quiso dejar ir al pueblo de Dios porque tenía endurecido el corazón. El faraón estaba lastimando al pueblo de Dios, y el Señor seguiría trayendo juicio sobre él por esto.

Dios le dijo a Moisés que quedaba una plaga más por venir, y que entonces, Faraón dejaría ir al pueblo. Esta plaga sería la peor de todas, y cuando sepas cuál fue, te recordará a Isaac y Abraham, y a las historias que has escuchado sobre Jesús. Pero la historia de esa última plaga es para la próxima, así que por ahora, ¡da gracias de que Dios no envió una cama llena de ranas o mosquitos a tu casa!

—*Tomado de Éxodo 7–10*

Preguntas

* ¿Qué le indicó Dios a Moisés que debía decirle a Faraón?

* ¿Por qué el faraón no quiso hacer lo que Dios le había pedido?

* ¿Cuáles fueron algunas de las plagas que Dios envió a Egipto?

* ¿Cuál plaga te parece la peor?

La promesa de la Pascua

Dios había enviado nueve plagas a Egipto porque el faraón no quiso dejar ir al pueblo del Señor. El corazón del faraón estaba endurecido contra Dios, y aunque su propio pueblo estaba sufriendo con estas plagas, no quiso ceder. Pero Dios sabía qué lo haría cambiar de opinión, y este siempre había sido Su plan.

El Señor le dijo a Moisés que fuera una vez más a ver al faraón y le dijera que, si no dejaba ir al pueblo ese día, todos los primeros hijos varones en Egipto morirían a la medianoche. El primer hijo macho de cada animal. El primer hijo varón del agricultor egipcio. El primer hijo varón de los gobernantes egipcios. Y así seguiría. En todo Egipto, el primer hijo varón de todas las personas y los animales moriría aquella misma noche, a menos que el faraón dejara ir al pueblo de Dios. Al faraón le dijeron esto, y su hijo mayor era varón, pero aun así, su corazón siguió endurecido contra Dios. Les dijo a Moisés y a Aarón que se fueran, y no quiso dejar ir al pueblo de Dios.

Pero esta plaga fue diferente. Era una plaga que traía una promesa para el pueblo de Dios. El Señor le mandó a Moisés que le dijera al pueblo que debía sacrificar un cordero macho perfecto y sin mancha esa noche, y pintar los marcos de las puertas de cada casa con la sangre de ese cordero. Entonces, esa noche, se reunirían y festejarían comiendo la carne de los animales que habían sacrificado, y le darían gracias a Dios por Su provisión, y confiarían en Él y en lo que estaba por hacer. Después, se vestirían para viajar, con sandalias en los pies y varas en la mano, con la sangre del cordero pintada sobre los marcos de las puertas.

110

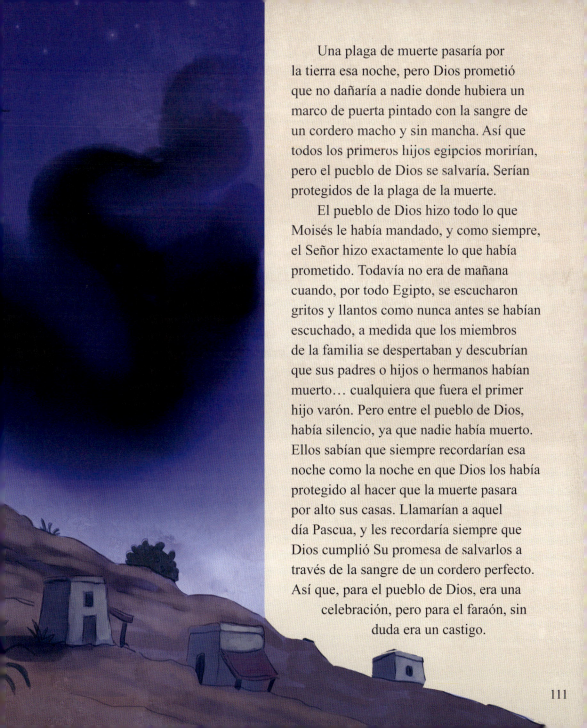

Una plaga de muerte pasaría por la tierra esa noche, pero Dios prometió que no dañaría a nadie donde hubiera un marco de puerta pintado con la sangre de un cordero macho y sin mancha. Así que todos los primeros hijos egipcios morirían, pero el pueblo de Dios se salvaría. Serían protegidos de la plaga de la muerte.

El pueblo de Dios hizo todo lo que Moisés le había mandado, y como siempre, el Señor hizo exactamente lo que había prometido. Todavía no era de mañana cuando, por todo Egipto, se escucharon gritos y llantos como nunca antes se habían escuchado, a medida que los miembros de la familia se despertaban y descubrían que sus padres o hijos o hermanos habían muerto… cualquiera que fuera el primer hijo varón. Pero entre el pueblo de Dios, había silencio, ya que nadie había muerto. Ellos sabían que siempre recordarían esa noche como la noche en que Dios los había protegido al hacer que la muerte pasara por alto sus casas. Llamarían a aquel día Pascua, y les recordaría siempre que Dios cumplió Su promesa de salvarlos a través de la sangre de un cordero perfecto. Así que, para el pueblo de Dios, era una celebración, pero para el faraón, sin duda era un castigo.

El faraón llamó a Moisés y Aarón de inmediato. Les dijo que se llevaran al pueblo de Dios, todas sus pertenencias y sus animales. Les mandó que se fueran y que le pidieran a Dios Su bendición para él. Los egipcios también querían que el pueblo de Dios se fuera. Dios le dijo a Su pueblo que les pidieran a los egipcios oro y plata, y estos le dieron al pueblo todo lo que tenían. Así que ese mismo día, sin tiempo para cocinar algo para el viaje, el pueblo de Dios se reunió y Moisés y Aarón lo guiaron a salir de Egipto.

Dios había hablado desde un arbusto ardiente y le había dicho a Moisés que sacaría a Su pueblo de Egipto. Había prometido que mostraría Su grandeza, aunque el corazón del faraón estuviera endurecido. Le dijo a Moisés que podría guiar al pueblo y que ellos lo escucharían. Por momentos, había sido difícil y aterrador, y por momentos, hubo cosas que dieron mucho asco, pero Dios siempre hizo exactamente lo que había prometido. Salvó a Su pueblo a través de la sangre de un cordero, y ahora ellos debían empezar un viaje hacia la tierra que Él les había prometido.

—*Tomado de Éxodo 11–12*

Preguntas

* ¿Cuál fue la última plaga que Dios envió a Egipto?

* ¿Qué le dijo Dios a Su pueblo que hiciera para que esa plaga no entrara a sus casas?

* ¿Cómo crees que se sentían los que amaban a Dios mientras empacaban sus cosas para salir de Egipto?

Pilares de promesa

El pueblo de Dios empacó todas sus pertenencias, tal como Dios les había dicho. Se reunieron todos y eran muchísimos, más de lo que podrías imaginar que entran en un lugar, para salir de Egipto. Dios los guiaba con un pilar de nube durante el día y un pilar de fuego por la noche. Los pilares son como un tronco alto de árbol que se puede ver desde muy lejos. Dios envió estos pilares para que el pueblo los siguiera, porque sabía que necesitaban moverse rápido y seguir avanzando, día y noche, para alejarse todo lo posible del faraón, lo más rápido que pudieran.

Esto significaba que el pueblo debía atravesar el desierto que llevaba al Mar Rojo. El desierto era una tierra donde no había nada, pero el Mar Rojo era magnífico. Era inmenso y ancho. Dios le dijo a Moisés que el pueblo debía acampar un poco antes del mar, porque todavía no había terminado de mostrar Su poder sobre el faraón. Una vez más, endurecería el corazón de Faraón, ¡de manera que cambiara de opinión y persiguiera al pueblo de Dios! Esto permitiría que Dios tratara con el faraón una última vez y les mostrara a todos que Él siempre vence a los enemigos de Su pueblo.

Moisés hizo lo que Dios le dijo, y Dios cumplió lo que había prometido. Faraón reunió a todos sus hombres con todos sus carros y persiguió al pueblo de Dios. Desde el desierto, el pueblo de Dios vio que el ejército egipcio se acercaba. Todos comenzaron a gritar enojados y asustados contra Moisés. ¿Por qué los había sacado de allí si los iban a capturar y matar? Pero Moisés confiaba en Dios y le dijo al pueblo que no tuviera miedo, que permaneciera firme y que verían cómo Dios los salvaría. Les dijo: «El Señor mismo peleará por ustedes. Solo quédense tranquilos».

Así que el pueblo estaba junto al gran Mar Rojo, y el faraón y sus hombres se acercaban a toda velocidad. ¡El pueblo no tenía adónde ir! Se sentían atrapados y asustados. Sin embargo, Dios tenía un plan. Le dijo a Moisés que extendiera su mano sobre el mar. Las aguas se separaron y se abrieron para crear un camino en el medio. Así, el pueblo de Dios caminó entre las aguas, sobre tierra seca, mientras el Señor sostenía las aguas a ambos lados de ellos.

Los egipcios arremetieron contra el pueblo de Dios y entraron por la tierra seca entre las paredes de agua. Pero Dios iba en frente de ellos en los pilares de fuego y de nube, que confundieron a los caballos. También hizo que las ruedas de los carros quedaran atascadas, y así no podían seguir al pueblo de Dios. Entonces, el Señor le dijo a Moisés que extendiera la mano sobre las aguas una vez más, para que el agua volviera a caer de repente y aplastara a los egipcios.

Moisés obedeció, y Dios hizo lo que había prometido. Todo el pueblo de Dios pudo caminar por tierra seca entre las paredes del mar, pero los egipcios quedaron atrapados y se ahogaron. Esta historia se contó de generación en generación… y se sigue contando incluso ahora, ¡para que todos sepan que Dios es el único Dios verdadero y que hizo a un pueblo y venció a sus enemigos porque nadie es más poderoso que Él!

—*Tomado de Éxodo 13–15*

Preguntas

✳ **¿Qué sucedió con el corazón del faraón cuando el pueblo de Dios se fue?**

✳ **¿Qué pasó cuando Moisés obedeció a Dios y extendió la mano sobre el mar la primera vez?**

✳ **¿Qué les pasó a los egipcios cuando intentaron atrapar al pueblo de Dios?**

✳ **Cuando Dios dice que hará algo, ¿qué hace?**

Promesas para los berrinchudos

El pueblo de Dios había sido rescatado del faraón y los egipcios. ¡Ahora eran libres! Había solo un problema… el viaje a la tierra que Dios les había prometido era LAAAAAAARGO, y llevaría mucho tiempo llegar allí. Tendrían que caminar un largo tiempo. Acampar un largo tiempo. Y encontrar comida y agua en el desierto, donde no había ni agua ni comida. Ese sí que es un gran problema para esa cantidad de personas.

Sin embargo, cruzar todo un mar también era un gran problema, y Dios se había encargado de eso. Así que el pueblo de Dios tendría que haber sabido que Él los cuidaría. Y al principio, lo sabían. Cantaron una canción con Moisés sobre cómo Dios había sido fiel con ellos. Lo alabaron y le dieron gracias por sacarlos de Egipto.

Pero después, empezaron los berrinches. Ya sabes qué es un berrinche, ¿no? Es cuando todo te cae mal porque estás de muy mal humor y te quejas sin parar. Suele empezar porque hay algo que te hace querer pecar o no confiar en Dios, y después todo empieza a parecerte malo. Bueno, eso le pasó al pueblo de Dios. Después de estar tres días en el desierto, todavía no habían encontrado agua buena para beber. Hacía calor. Estaban cansados. ¡¡¡Y TENÍAN SED!!! Empezaron a lloriquear y a quejarse con Moisés, así que Moisés clamó a Dios.

El Señor fue fiel, tal como siempre lo es.

Le mostró a Moisés un tronco y le dijo que lo arrojara a un agua desagradable, amarga y que no se podía beber. Así, Dios limpiaría el agua y haría que tuviera buen sabor, para que el pueblo pudiera beberla. Moisés hizo lo que Dios le había indicado, y el Señor hizo lo que dijo que haría, y el agua fue buena y alcanzó para todos. Allí mismo, Dios puso una regla: si el pueblo escuchaba lo que Él les decía a través de Moisés, y si siempre hacían lo que Él mandaba, Dios los protegería y sería su sanador.

En medio del viaje por el desierto hacia la tierra que Dios les había prometido, el pueblo pronto se encontró en un lugar sin comida. Así que, ¿adivina qué? Volvieron a ponerse berrinchudos. ¡Empezaron a quejarse con Moisés y a decir que hubieran preferido quedarse en Egipto!

Entonces, Dios le explicó a Moisés que tenía un plan. Y era así: todas las mañanas, haría llover un pan especial del cielo. Así es. Lluvia de pan. Increíble, ¿no? Era una clase especial de pan, llamada *maná,* y Dios le dio al pueblo instrucciones especiales al respecto. Cada mañana, debían juntar el maná. No tenían que guardar nada, porque Dios quería que confiaran en que les daría más al día siguiente. La única excepción era que el sexto día de la semana, como nuestro sábado, Dios enviaría el doble de maná y ahí sí la gente *debía* guardar un poco para el séptimo día, que es como nuestro domingo. De esa manera, Dios les recordaba que tomaran un día para descansar y adorar, y no quería que juntaran comida ese día.

Moisés le contó al pueblo este plan, pero ellos no confiaron en Dios y juntaron más comida de la que necesitaban. ¡Pero ese maná extra se llenó de gusanos y apestaba! El pueblo aprendió la lección, y de ahí en más, siguió las instrucciones del Señor con el maná. Durante 40 años, Dios le mostró al pueblo que proveería lo que necesitaban de maneras maravillosas, incluso cuando se ponían berrinchudos.

—*Tomado de Éxodo 15-16*

Preguntas

✳ ¿Qué le indicó Dios a Moisés que arrojara al agua sucia para transformarla en agua que se pudiera beber?

✳ ¿Qué proveyó Dios para que el pueblo comiera durante 40 años?

✳ ¿Qué le pasaba a la comida si intentaban guardar más de lo que tenían que juntar?

✳ ¿Qué comida te gustaría comer si tuvieras que comer lo mismo todos los días por 40 años?

La tierra prometida

El pueblo de Dios viajó y viajó durante años y años hasta que por fin llegó al borde de la tierra que Dios les había prometido. El Señor les había mostrado muchas cosas en el camino. Le había dado a Moisés diez reglas importantes para seguir. Había proporcionado comida y agua, y había ayudado a Moisés a guiarlos tal como Dios le prometió a Moisés.

Pero Moisés era muy viejo, y había llegado la hora de que muriera. Había sido fiel a Dios, y ahora iría a estar con Él. El pueblo de Dios estaba triste, porque todos amaban a Moisés, y él había sido un líder maravilloso, pero también sabían que el señor había elegido a un nuevo líder, Josué, que ahora los haría entrar a la tierra que se les había prometido.

El pueblo POR FIN había llegado a la tierra que Dios les había prometido, y no tenían que seguir caminando. Podían comer de los frutos y la miel increíbles que había por todas partes, y también podían sacar agua de un río inmenso. Era todo lo que habían esperado e imaginado… excepto por un pequeño problema… bueno, en realidad, algo bastante grande. No podían construir casas o una ciudad en la tierra porque, justo en el medio, otro pueblo que no era el pueblo de Dios ya había construido una ciudad inmensa. La ciudad se llamaba Jericó, y tenía una pared gigante que la rodeaba.

127

Josué eligió a dos hombres del pueblo de Dios para meterse a escondidas en la ciudad y averiguar cómo era la gente, y así poder decidir un plan de batalla. Mientras los espías miraban por ahí, una mujer llamada Rahab los invitó a su casa. Ella no pertenecía al pueblo de Dios, y había tomado malas decisiones que no agradaban al Señor, pero cuando vio a los hombres que Josué había mandado a inspeccionar la tierra, los recibió y los escondió en su techo. Los soldados del rey de Jericó se enteraron de que algunos de los hombres de Dios estaban en la casa de Rahab, y le pidieron que se los entregara al rey. Rahab les dijo que ya se habían ido. Los hombres del rey le creyeron, y los espías se salvaron.

Rahab fue a ver a los espías de Josué y les dijo que había escuchado cómo Dios había librado a su pueblo de los egipcios, y conocía los muchos milagros que había hecho. Les dijo que sabía que su Dios era el Dios verdadero y que destruiría Jericó y les entregaría la tierra. El Señor se había encargado de que Rahab se enterara de estas cosas, y cambió su corazón para que quisiera seguirlo. Así que Rahab les rogó a los hombres que la protegieran a ella y su familia cuando destruyeran la ciudad. Les prometió ayudarlos a salir sin que nadie los viera, pero les pidió que por favor la salvaran a ella y a su familia. Los hombres estuvieron de acuerdo e hicieron un plan para saber cuál era la casa de ella cuando empezara la batalla.

Los espías volvieron a informarle a Josué que era claro que Dios destruiría la ciudad y se las entregaría. Le contaron sobre Rahab y cómo la salvarían a ella y a su familia. Mientras tanto, el rey de Jericó hizo que cerraran las puertas de la ciudad, para que nadie pudiera salir ni entrar. Pensó que eso mantendría la ciudad a salvo, ¡pero no conocía el poder de Dios!

El Señor le dijo a Josué que marchara alrededor de la ciudad una vez al día durante seis días. Entonces, en el séptimo día, debían marchar siete veces alrededor de la ciudad, y siete sacerdotes tenían que hacer sonar trompetas. Cuando el ejército escuchara la última trompeta, debía gritar con toda su fuerza.

Josué le dijo al pueblo lo que Dios había indicado, y ellos siguieron las instrucciones. Cuando el ejército gritó con todas sus fuerzas por séptima vez el séptimo día, ¡los enormes muros de Jericó se cayeron sin que nadie los tocara! El pueblo de Dios conquistó la ciudad y destruyó a todos los que no eran de Dios, excepto a Rahab y su familia. Los espías cumplieron su promesa de mantener a salvo a Rahab y a su familia, tal como Dios había cumplido su promesa de darles esa tierra abundante.

Dios le había prometido la tierra a Abraham mucho tiempo atrás, antes de que el pueblo llegara allí. El faraón había intentado detenerlos. Cuando estaban en el desierto y no había comida, pensaron que nunca llegarían ahí. Y después, ese muro gigante los había hecho pensar que nunca podrían vivir allí. ¡Pero así no funcionan las promesas de Dios! Ningún rey, ningún ejército, ninguna panza con hambre y ningún muro puede evitar que Dios cumpla Sus promesas.

—Tomado de Deuteronomio 34; Josué 1–6

Preguntas

* ¿Por qué Dios eligió a un nuevo líder para Su pueblo? ¿Quién era?

* ¿Con quién se encontraron los espías cuando entraron a Jericó para averiguar más sobre la ciudad?

* ¿Qué le dijo Dios al pueblo que hiciera alrededor del muro de la ciudad?

* ¿Qué pasó cuando el pueblo de Dios obedeció?

El Emanuel prometido

Aunque el pueblo de Dios ahora vivía en la tierra prometida, no pasó mucho tiempo antes de que otra vez les costara obedecer al Señor. Cuando estaban en el desierto, sabían que necesitaban que Dios les proveyera lo que necesitaban cada día, así que confiaban en Él. Pero ahora que estaban en la maravillosa tierra prometida y había tanta comida, no le daban importancia.

El pueblo siempre había tenido profetas, hombres llamados por Dios para comunicarles Sus mensajes. Los profetas les decían qué hacer y cómo vivir. También le decían al pueblo cómo pelear en las batallas, y a veces le advertían sobre cosas malas que vendrían o compartían alguna promesa de parte de Dios. El pueblo le pidió al Señor que le diera reyes para poder ser como las otras naciones, pero Dios sabía que era una mala idea. Sin embargo, les dio lo que querían, y los profetas les daban a los reyes mensajes de parte de Dios.

El pueblo construyó una ciudad, y todos tuvieron hijos que crecieron y tuvieron más hijos, los cuales crecieron y tuvieron sus hijos, y así durante generaciones. Construyeron un templo donde los sacerdotes aceptaban sacrificios por el pecado, y los profetas siguieron dándoles mensajes de parte de Dios.

134

Uno de esos profetas, Isaías, anunció muchos mensajes sobre cómo el pueblo de Dios estaba desobedeciendo al Señor y sobre el castigo que venía. Entonces, un día, cuando el pueblo estaba quejándose y gimoteando, Isaías trajo un mensaje increíble de esperanza.

Habló de un día en que Dios haría un bebé dentro de la pancita de una mujer, y ese bebé sería un varoncito. Ese niño crecería para transformarse en un hombre que siempre diría que no a hacer cosas malas y siempre diría que sí a hacer cosas buenas. En otras palabras, ¡este niño crecería para ser un hombre que nunca pecó! Bueno, esta es una noticia increíble, porque todos sabían que la gente siempre peca y que, debido a que todos pecan, la muerte estaba por todas partes. Los animales se morían. La gente se moría. Incluso los bebés se morían.

Y no era solo eso. Nuestros corazones fueron creados para estar completamente conectados con el corazón de Dios. Es la única manera en que podemos ser verdaderamente felices. Pero el pecado endurece nuestro corazón, de manera que no puede conectarse con el de Él. El pueblo de Dios sabía que las cosas jamás estarían bien hasta que el Señor enviara a alguien que pudiera arreglar este problema del corazón. Ahora, ¡Isaías les dijo cómo sucedería esto! Dios enviaría al hombre del cual le había hablado a la serpiente en el jardín, el que aplastaría la cabeza de la serpiente.

135

Isaías le dijo al pueblo que este hombre sería el mismísimo Hijo de Dios, y que se llamaría Emanuel, que significa «Dios está con nosotros». ¡Sería Dios! Nacería en esta tierra y viviría como nosotros y comería como nosotros y caminaría como nosotros y hablaría como nosotros… pero sería muy distinto de nosotros en algo importantísimo. Nunca jamás pecaría, porque Dios no puede pecar. Este era el mejor mensaje de esperanza que el pueblo de Dios había escuchado jamás, y desde aquel día, ¡empezaron a esperar con ansias el momento en que Dios cumpliera Su promesa de enviar a Su Hijo que nunca pecaría!

—*Tomado de Isaías 7*

Preguntas

* ¿Cómo se comportó el pueblo después de llegar a la tierra prometida?

* ¿Qué hace un profeta?

* ¿Cuál fue el mensaje increíble de esperanza que le dio Isaías al pueblo?

* ¿Por qué este mensaje era una noticia tan buena?

Prometo sufrir

Si fueras Dios y pudieras hacer CUALQUIER COSA, ¿qué harías? ¿Volarías como los pajaritos o comerías la comida que más te gusta? ¿Y si fueras Dios y la gente que creaste te desobedeciera, endureciera su corazón contra ti una y otra vez, y estuviera separada de ti por su pecado? Quizás querrías darte por vencido, destruirlos y no crear nunca más personas. O tal vez querrías ir a mostrarles lo espectacular que eres, para que quisieran hacer grandes cosas para ti.

Todo eso parece posible, ¿no? Y probablemente, algunos entre el pueblo de Dios esperaban eso cuando Isaías les dijo que Dios vendría a la tierra. Pero Isaías no había terminado de decirles lo que sucedería cuando Dios viniera a vivir como un hombre a la tierra.

Isaías anunció que cuando Dios viniera, vendría a hacer una sola cosa. Y la haría de muchas maneras distintas y en muchos momentos diferentes. Esa sola cosa era sufrir. Así es, venía a sufrir. Esto significaba que sentiría dolor y que la gente lo lastimaría y sería mala con Él. Dios no venía a que todos le dijeran lo especial que era, o a asegurarse de que todos supieran que Él tenía más poder que los demás. Es más, Isaías le dijo al pueblo de Dios que, cuando el Señor viniera, ellos no lo aceptarían. Dios ya le había dicho a Isaías lo que sucedería, y Dios sabía que a gran parte de Su pueblo no le gustaría alguien que venía a sufrir. Pensaban que si alguien sufría, era débil, y ellos querían a un Dios que siempre ganara en lo que ellos pensaban que era importante.

Pero Dios les había hecho una promesa, y sabía cómo cumplirla. Había prometido que enviaría a alguien que le aplastaría la cabeza a la serpiente. Alguien que hiciera que Su pueblo tuviera un corazón que amara, escuchara y le obedeciera

una vez más. Bueno, ¿recuerdas que hablamos de los sacrificios, y de cómo había que sacrificar un corderito puro y sin mancha para compensar el pecado de la gente? Cuando eso pasaba, el cordero sufría. El corderito sufría dolor. Y así como ese cordero sufría, Dios también tendría que sufrir de muchas maneras. Tendría que hacerlo para cumplir Su promesa y poder lograr que Su pueblo tuviera corazones tiernos que se conectaran con el de Él una vez más.

Pero Isaías no solo les dijo que Dios sufriría. También les dijo que sería victorioso. Dios ganaría. ¡Haría que todo el pecado desapareciera para siempre! Esta era una noticia excelente, pero el pueblo no le entendió a Isaías. Como sus corazones todavía estaban endurecidos y como Dios todavía no había venido, no escucharon a Isaías, y siguieron esperando que Dios hiciera lo que *ellos* pensaban que era mejor, que enviara a un rey poderoso que hiciera que sus vidas fueran más fáciles y seguras.

Hoy no tenemos profetas como Isaías, que nos comunican noticias de parte de Dios. En cambio, tenemos la Biblia, la cual nos dice todo lo que Dios quiere que sepamos. Pero a veces no le creemos a la Biblia, tal como el pueblo de Dios no le creía a Isaías. Por eso es tan importante que aprendas estas historias. Toda la Biblia nos muestra que Dios cumple Sus promesas, y que estas promesas son posibles porque Dios vino a sufrir… ¡todo para que pudiéramos ser libres del castigo del pecado y pudiéramos tener un corazón que ame a Dios!

—*Tomado de Isaías 53*

Preguntas

* ¿Qué te parece que debería hacer Dios con Su pueblo, ya que sigue pecando?

* ¿Qué crees que el Señor debería hacer cuando pecas?

* ¿Se te ocurre algo que Dios pueda hacer y tú no?

* ¿Recuerdas alguna vez que hayas sufrido? ¿Cómo te sentiste?

La nueva promesa

Jeremías fue otro profeta que vivió antes de que existiera la Biblia para decirle al pueblo de Dios qué quería Él para ellos, y qué haría el Señor. Fue un profeta para el pueblo de Dios en una época en la que ellos estaban desobedeciendo al Señor de una manera horrible. Adoraban a otras cosas como si fueran Dios, se trataban de una forma espantosa los unos a los otros y tenían un corazón muy duro que no escuchaba a Dios.

Sin embargo, Dios los amaba. Y cumpliría la promesa que les había hecho. ¿Recuerdas cómo Dios había hecho un pacto con Abraham y le había prometido transformarlo en un pueblo para Él y ser su Dios para siempre? ¿Recuerdas que aprendimos que un pacto es una promesa muy especial que está llena de amor y no se puede romper? Bueno, ya vimos cómo Dios mantuvo esa promesa que le hizo a Abraham. De aquel bebé de Abraham y Sara, Isaac, ¡Dios hizo todo un pueblo! Miles y miles y miles de personas. Y tenía un plan para cada una de ellas como lo hizo con José, y los protegía a todos como hizo al guardarlos del faraón. También cumplió Su promesa de llevarlos a una tierra especial que había elegido para ellos.

¿Recuerdas la promesa de Dios en el jardín sobre lo que haría para que el corazón de Su pueblo fuera tierno una vez más y pudiera amarlo, adorarlo y obedecerle? Bueno, el problema era que cada vez que alguien peca, el pecado separa su corazón de Dios. Lo endurece un poco más. Así que, por más que el pueblo de Dios estaba obedeciéndole al hacer sacrificios, como Él les había indicado, el problema nunca se solucionaba, porque ellos tenían que seguir haciendo sacrificios una y otra vez. Más y más animales tenían que morir porque el pueblo no podía dejar de pecar. Dios vio este problema, pero Él siempre había tenido un plan, y Jeremías fue el que le dio al pueblo este nuevo mensaje de parte de Dios. ¡Era un mensaje de un nuevo pacto! Tal vez esperaríamos un pacto de castigo, porque el pueblo se portaba muy mal. ¡Pero era todo lo contrario!

Jeremías le dijo al pueblo que llegaría el momento en que Dios abriría un camino para que hicieran un nuevo pacto con Él. En este pacto, ¡Dios permitiría que sus pecados fueran perdonados de una vez y para siempre! No tendrían que seguir haciendo sacrificios todo el tiempo.

Así como Isaías le dijo al pueblo que Dios debería sufrir cuando viniera a la tierra en forma humana, el pueblo otra vez no entendió cuando Jeremías le habló de este nuevo pacto. Tampoco entendieron que este nuevo pacto no sería solamente para la gente que había formado parte del pueblo de Dios, ¡sino que sería para todos los que quisieran ser parte de Su pueblo!

Jeremías también habló de la promesa de este nuevo pacto, pero este pacto no empezaría aún. Antes era necesario un sacrificio muy grande y muy importante, para que este pacto pudiera empezar. Pero Dios lo prometió, ¡y eso significa que iba a pasar sí o sí!

—*Tomado de Jeremías 31*

Preguntas

* **¿Qué es un pacto?**

* **¿Cuál fue el primer pacto que Dios hizo con Abraham?**

* **¿Recuerdas algunas de las cosas que hacía el pueblo de Dios mientras Jeremías era profeta?**

* **¿Cuál fue el nuevo pacto que Jeremías dijo que vendría?**

El Prometido

Dios había estado hablando a Su pueblo a través de profetas como Isaías y Jeremías, pero después, no lo hizo más. Estuvo callado durante mucho, mucho tiempo. Algunos habían escrito Sus promesas y los padres se las comunicaban a sus hijos y ellos a sus hijos, para que nadie se olvidara de ellas. Pero nadie sabía cuándo se cumplirían esas promesas. Tenían que esperar y confiar en que Dios cumpliría lo que había dicho.

Entonces, un día, algo muy extraño sucedió. Una jovencita llamada María había planeado casarse con un hombre llamado José, pero todavía no se habían casado. Ella seguía viviendo en su casa con su mamá y su papá. Era parte del pueblo de Dios, y amaba muchísimo al Señor. Dios lo sabía y la eligió para algo maravilloso que solo ocurriría una vez en un lugar en todo el mundo. María no sabía que Dios la había elegido para algo especial… ¡hasta un día en que se le apareció un ángel!

Ahora bien, no sabemos exactamente qué estaba haciendo María cuando se le apareció el ángel, pero probablemente estaba haciendo alguna tarea de la casa. No esperaba que se le apareciera un ángel ese día, y no sabía que Dios tenía un plan muy especial para ella. Así que, cuando apareció el ángel y le dijo: «¡Hola! Dios está contigo», María se asustó. El ángel tuvo que decirle que no tuviera miedo, porque Dios estaba muy contento con ella. Eso la puso un poco nerviosa, pero lo que el ángel le dijo después fue verdaderamente increíble. Le dijo que Dios pondría un bebé en su pancita, ¡y el papá sería el mismísimo Dios! El Señor no pondría este bebé en la panza de María como lo hacía con todos los demás bebés en la historia de los bebés en el mundo. Este bebé era distinto, porque no tenía un papá humano. Todos los demás bebés del mundo tenían un papá humano. Este era el único bebé cuyo papá sería Dios.

María no podía creerlo. Después, el ángel le dijo que cuando naciera el bebé, debía ponerle por nombre *Jesús,* que significa: «Él salvará a Su pueblo de sus pecados». El ángel dijo que Jesús sería maravilloso, y que sería el Hijo de Dios. Reinaría sobre el pueblo de Dios para siempre, y Su reino no terminaría jamás.

Al principio, María estaba confundida porque sabía que esa no era la manera en la que los bebés solían llegar al mundo, y no sabía que Dios le había prestado una atención especial a ella. Era apenas una jovencita… ¿acaso le habría entendido bien al ángel? Pero algo en su interior le dijo que esto era verdad. Como su corazón era muy tierno, podía escuchar a Dios y saber que el ángel decía la verdad. Así que le respondió al ángel que ella era la sierva de Dios y haría todo lo que Él quería.

Más adelante, cuando María tenía al bebé Jesús en su pancita, fue a visitar a su prima Elisabet. Ella también tendría un bebé, y cuando María la saludó, sintió cómo su bebé se movía en su interior. Elisabet supo que su prima tenía al bebé de Dios y que Él haría todo lo que el ángel había dicho. María no pudo evitarlo y se puso a cantar una alabanza a Dios por todas las maneras en que había cumplido Sus promesas para Su pueblo. Pero ni siquiera María sabía que su bebé, que daba vueltas dentro de su pancita, sería la mayor promesa de todas. Dios había enviado a Su Hijo —el que le había prometido a Su pueblo a través de los profetas Isaías y Jeremías— para salvar a Su pueblo de sus pecados.

—*Tomado de Lucas 1*

Preguntas

✳ **¿Qué pensaba Dios sobre María?**

✳ **¿Qué le dijo el ángel a María?**

✳ **¿Cómo te sentirías si te visitara un ángel?**

✳ **¿Qué le dijo María al ángel cuando se le pasó un poco la confusión?**

151

La promesa de la paz

Jesús crecía dentro de la pancita de María, y ella y José sabían que pronto nacería el bebé. Pero el momento no era el mejor, porque salió una ley que decía que todos tenían que ir a su ciudad natal para que los contaran; así, los gobernantes del país sabrían cuántas personas había en cada lugar. Eso significaba que María y José tenían que ir hasta Belén, donde José había nacido. Era un largo viaje, ¡y esto era mucho antes de que existieran los autos para viajar!

Ahora, no estamos seguros porque la Biblia no lo dice, pero cuando llegó el momento de partir, José probablemente ayudó a María a subirse a un burrito o un caballo para que pudiera viajar y no ir tan incómoda. José amaba mucho a María, y sabía que Jesús era el Hijo de Dios, porque un ángel también se le había aparecido a él y le había contado todo al respecto. José amaba a Dios y se sentía honrado de ayudar a criar al Hijo de Dios en la tierra. Entonces, José y María viajaron a Belén. Pero cuando llegaron, estaba LLENO de gente, y no había ningún lugar para dormir, ni casas donde la gente pudiera compartirles una habitación. El único lugar que pudo encontrar José fue un corral de animales, que se parecía a un granero. El dueño guardaba ahí sus animales, y otros animalitos iban ahí a comer. Probablemente había heno y mucha tierra. ¡No era ningún hotel con piscina, ni un hospital elegante con ascensores!

Pero justo cuando llegaron, fue el momento de nacer de Jesús. José ayudó a María lo mejor que pudo, pero estaban ellos dos solos. No había ningún doctor ni enfermera. Solo algunos animales que pastaban por ahí y una ciudad muy ocupada y llena de gente que no tenía idea de que el Hijo de Dios acababa de nacer. María amó a Jesús apenas lo vio, y quiso cuidarlo mucho. Lo envolvió en algunas telas que tenía y lo acostó en un lugar seguro.

Mientras tanto, había unos pastores de ovejas a las afueras de Belén que estaban vigilando a las ovejas durante la noche para asegurarse de que no se escaparan. Entonces, de repente, ¡se les apareció un ángel! ¡Ahí en medio del campo! Los pastores estaban asustadísimos porque pudieron sentir la gloria del Señor. El ángel les dijo que no tuvieran miedo porque este era un mensaje con una excelente noticia. El ángel dijo que un Salvador acababa de nacer en Belén, que era el que Isaías había prometido, el que traería el nuevo pacto. Y de repente, ¡aparecieron más ángeles alrededor de los pastores, cantando alabanzas a Dios! Cantaban: «Gloria a Dios en el cielo más alto y paz en la tierra para aquellos en quienes Dios se complace». ¡Jesús estaba aquí para traer paz entre Dios y los hombres, tal como Él había prometido!

156

Cuando los ángeles se fueron, los pastores NO volvieron a trabajar. De ninguna manera. Sabían lo que tenían que hacer. La Biblia dice que fueron «de prisa», lo cual significa que fueron súper híper rápido, a encontrar a Jesús. Encontraron a Jesús, José y María. Allí, les contaron lo que los ángeles habían dicho, y todos se quedaron maravillados de lo que Dios había hecho. Entendieron que esta era una noche muy importante, diferente a todas las demás. Lo que no sabían era que este era apenas el principio, el principio de Jesús en la tierra y el principio de la adoración a Jesús y el principio de cómo Jesús cumpliría las promesas que Dios había hecho tanto tiempo atrás.

—*TOMADO DE LUCAS 2*

Preguntas

✳ **¿Cómo se enteró José de que María tendría un bebé que era el Hijo de Dios?**

✳ **Cuando llegaron a Belén, ¿en qué hospital se quedaron?**

✳ **Después de que Jesús nació, ¿a quiénes visitaron los ángeles?**

✳ **¿Qué hicieron los pastores cuando vieron a Jesús?**

Promesas atesoradas

Jesús empezó como un bebé adorado en un pesebre, pero no se quedó allí mucho tiempo. Era como cualquier bebé de muchas maneras, porque cuando Dios vino a vivir entre nosotros como humano, se hizo bien humano, pero también siguió siendo Dios. ¡Jesús es el único que lo hizo!

Así que, cuando era bebé, tenía que comer y probablemente se ponía molesto si tenía hambre. También tenía que dormir la siesta y hacer tareas de la casa a medida que fue creciendo. Una de las maneras en que era muy distinto de nosotros es que nunca jamás pecó. Siempre obedeció lo que Dios quería que hiciera.

Ahora, ¿recuerdas cuando empezamos a leer este libro y aprendimos que hay un solo Dios en todo el mundo, pero que también es tres personas distintas que son completamente Dios? Está Dios Padre, Dios Hijo y Dios Espíritu Santo. Bueno, seguramente ya te diste cuenta de que Dios Hijo es Jesús, y que Dios Padre es el que lo puso en la pancita de María. Todavía no aprendimos nada de Dios Espíritu Santo, pero no te preocupes. ¡Pronto lo haremos!

Esto es importante porque hubo una vez en que María, la mamá de Jesús, quiso que Él hiciera algo distinto a lo que el Padre de Jesús quería. Jesús sabía lo que Su Padre quería que hiciera, y eso fue lo que hizo. Esto fue lo que sucedió.

Cuando Jesús tenía doce años, José, María, Jesús y una gran parte del pueblo de Dios habían ido a una ciudad llamada Jerusalén. Esa ciudad era muy importante porque estaba exactamente en el lugar donde Dios le había prometido a Abraham que estaría la tierra de Su pueblo, así que era un recordatorio de que Dios había cumplido esa promesa. Jerusalén también estaba donde se encontraba el templo, donde se hacían los sacrificios y donde el pueblo de Dios aprendía sobre Él.

Todos habían ido ahí para la Pascua, de la cual hablamos cuando el faraón por fin dejó que el pueblo de Dios saliera de Egipto. Cuando terminó la fiesta, todo el grupo empezó a viajar de regreso a la ciudad donde vivían María y José. Hoy en día, un niño de doce años sí o sí tiene que viajar con adultos, y en la época de Jesús, también. Pero como el grupo era tan grande, María y José no se dieron cuenta de que Jesús no estaba con ellos, y pensaron que estaba con unos parientes y amigos. Bueno, algo que es igual ahora que en esa época es que los adultos se asustan mucho cuando creen que perdieron a un niño. Y después de todo un día de viajar con el grupo gigante, María y José se dieron cuenta de que no podían encontrar a Jesús. Estaban asustadísimos y preocupados. Regresaron a Jerusalén y no podían encontrar a Jesús por ningún lado.

Entonces, después de tres días desde la última vez que habían visto a Jesús, lo encontraron en el templo. Estaba sentado con los maestros, haciéndoles preguntas sobre la ley de Dios. Pero Jesús no hacía preguntas solamente. Además, les contaba a los maestros cosas sobre la ley de Dios. A su alrededor, había un grupo escuchando, y todos estaban maravillados ante este jovencito que entendía tanto sobre Dios. (Por supuesto, ¡no sabían que esto se debía a que *era* Dios!).

Sin embargo, María y José se molestaron mucho cuando lo encontraron. Le dijeron que los había preocupado y que había causado muchos problemas por no ir con ellos como debería haber hecho. Pero Jesús respondió que ellos tendrían que haber sabido que estaría en el templo, porque esa era la casa de Su Padre. Jesús estaba creciendo, y a medida que crecía, sabía que se acercaba el momento en que debería tomar decisiones que mostraran que era Dios y todo lo que Su Padre lo había enviado a hacer. Jesús sabía que debía obedecer a Su Padre. A veces, esas decisiones no tendrían sentido para María y José, porque ellos eran humanos, no eran Dios.

María y José no entendían todo lo que pasaría, y muchos otros tampoco entenderían. Pero Jesús volvió con ellos a su casa y los amó, como amaba a todos. María sabía que era importante que Jesús los hubiera dejado atrás para ir al templo, así que nunca lo olvidó, y lo guardó en su corazón como una señal de que Dios estaba obrando y cumpliendo Sus promesas.

—Tomado de Lucas 2

Preguntas

* ¿Cuáles son algunas de las cosas que Jesús probablemente hacía cuando era un bebé?

* ¿Qué es algo que Jesús nunca hizo cuando era bebé, un niño o un hombre?

* ¿Qué hizo que María y José se preocuparan y se asustaran?

* ¿Dónde encontraron a Jesús, y qué estaba haciendo?

El Padre, el Hijo y el Espíritu prometidos

Jesús vino a destruir la muerte y a lograr que pudiéramos recibir perdón y vivir para siempre. Siempre lo supo, y había otra persona que también lo sabía. Su nombre era Juan, y era un profeta que nació en la misma época que Jesús. Dios le había dicho a Juan que era hora de que Jesús empezara Su obra de salvar a las personas de sus pecados. Para mostrar que Jesús venía a salvar a las personas, Juan debía sumergir en agua a todos los que creyeran su mensaje, como si murieran al inclinarse y resucitaran otra vez al salir del agua y volvieran a vivir. Esto se llama *bautismo,* y era (y sigue siendo) una manera de que alguien muestre que Dios puede abrir un camino para que nuestros pecados sean perdonados, y Jesús es ese camino.

Jesús creció y ya era un hombre, y por fin llegó el tiempo de que empezara la obra que había venido a hacer. Él sería obediente en todas las cosas. Sabía que el bautismo era una de las cosas obedientes que tenía que hacer. No necesitaba bautizarse para mostrar que Sus pecados eran perdonados, porque nunca había pecado y jamás pecaría; Él es Dios. Pero estaba a punto de empezar a decirles a los demás que lo siguieran e hicieran lo mismo que Él. Si la gente hacía lo que Él hacía, entonces haría lo que Dios hace, porque Jesús es Dios. Así, estarían obedeciendo a Dios. Sus corazones serían tiernos y se volverían a Dios, y se alejarían del pecado en vez de acercarse al pecado como habían hecho hasta ahora.

Jesús sabía todas estas cosas importantes, así que fue a ver a Juan, que estaba cerca de un río donde podía bautizar a las personas. De inmediato, Juan supo quién era Jesús. Supo que era Dios, y que había venido a salvar a Su pueblo de sus pecados. Seguramente, Juan se emocionó *mucho* al ver a Jesús.

Bueno, si estaba emocionado, seguro también se confundió bastante por lo que Jesús le dijo. Jesús le pidió que lo bautizara. Juan le dijo algo como: «Ehh… Jesús, eso no tiene sentido. Tú debes bautizarme *a mí*. Yo soy el pecador. Tú eres *JESÚS*». Pero Jesús respondió y le dijo a Juan que esto era lo que tenía que pasar. Era una manera de «cumplir con todo lo que Dios exige». Es una manera importante de decir que era algo que tenía que hacer para ser perfectamente perfecto en todo lo que hiciera.

Juan siguió las instrucciones de Jesús y lo bautizó en el río. Jesús se bautizó igual que todos los demás, pero después, pasó algo que nunca había pasado en otro bautismo, y que nunca más pasó. La Biblia nos dice que el cielo se abrió y que Jesús vio al Espíritu Santo que bajaba en forma de paloma sobre Jesús. Al mismo tiempo, una voz fuerte se escuchó desde el cielo, y decía: «Este es mi Hijo muy amado, quien me da gran gozo».

¡Vaya! ¿Escuchaste la parte donde dije que el Espíritu Santo bajó? ¡Es la primera vez que escuchamos una historia sobre el Espíritu Santo en este libro! ¿Recuerdas que aprendimos que es la tercera persona del único Dios? Pero eso no es lo único maravilloso sobre esto, porque Dios Padre también habló en el mismo momento. Así que, cuando Jesús se bautizó, las tres personas de Dios estaban juntas ahí como una. El Hijo siendo obediente, el Padre muy complacido y el Espíritu dando ánimo. Así es como Dios funciona, y es una promesa para nosotros también: todas las personas de Dios están siempre presentes.

—*TOMADO DE MATEO 3*

Preguntas

* **¿Por qué las personas se bautizan, y qué sucede durante el bautismo?**

* **¿Qué le pidió Jesús a Juan que hiciera por Él?**

* **¿Por qué dijo Jesús que esto tenía que pasar?**

* **¿Qué sucedió después de que Jesús se bautizó?**

Promesas falsas

Inmediatamente después de bautizarse y de sentir el ánimo del Espíritu Santo y la alegría del Padre, el Espíritu Santo guio a Jesús al desierto. Cuando llegó ahí, Satanás lo estaba esperando. Satanás es la misma serpiente que estaba en el jardín con Eva. ¡Y el Espíritu Santo guio a Jesús hacia él! ¿Por qué lo haría? Bueno, porque Dios sabía que, para vencer al pecado y la muerte, tendría que vencer a Satanás. Así que el Espíritu Santo guio a Jesús donde estaba Satanás para que pudiera vencerlo. Pero Satanás no sabía que Jesús lo vencería. Ya había ganado con Eva, y pensó que quizás podía ganar con Jesús, así que estaba buscando la oportunidad perfecta.

Jesús no comió durante 40 días y 40 noches, para poder orar y concentrarse en Su propósito en la tierra. Al final de este tiempo, tenía HAMBRE. Satanás vio una manera de engañar a Jesús. Lo probó para ver si podía lograr que hiciera cosas que Jesús sabía que Su Padre no quería. Satanás le dijo: «Si eres el Hijo de Dios, di a estas piedras que se conviertan en pan». Pero Jesús sabía que Dios no quería que hiciera eso, así que en cambio, le dijo a Satanás que obedecer las palabras de Dios era más importante que comer.

Pero Satanás no había terminado. Llevó a Jesús a lo más alto de la ciudad e intentó convencerlo de que se tirara de allí para que los ángeles pudieran rescatarlo antes de llegar al suelo. Pero Jesús sabía que la intención de Satanás no era que Él le probara que era el Hijo de Dios. Satanás sabía muy bien quién era Jesús. Lo que quería era que lo escuchara a él en vez de obedecer lo que había venido a hacer. Ese truco había funcionado con Eva, pero no funcionaría con Jesús, porque Jesús era el mismísimo Dios, ¡y Satanás no es nada comparado con Él! Jesús le dijo a Satanás que no había que probar a Dios.

De todos modos, Satanás intentó que Jesús lo escuchara a él en vez de obedecer a Dios. Esta vez, lo llevó arriba de una montaña majestuosa y le mostró todos los reinos del mundo. Le dijo que si Jesús se inclinaba y lo adoraba, él le daría todo lo que podía ver.

Bueno, digamos que esto no puso contento a Jesús. No se puede adorar a nadie más que a Dios, y Jesús vino a destruir a Satanás, no a adorarlo. Así que le respondió y le dijo con voz muy fuerte que se fuera, ¡porque al único que hay que adorar es a Dios! Así que Satanás se fue.

Jesús no le había permitido que lo engañara. Cada vez que Satanás intentó que Jesús lo escuchara, Jesús le respondió cosas que venían de Dios. ¡Las palabras de Dios tienen el poder para vencer a Satanás!

Cuando Satanás se fue, Jesús no se quedó solo. Vinieron ángeles a cuidarlo. Lo reconfortaron y lo ayudaron después de pasar tanto tiempo sin comer. Esto era importante porque ahora que Jesús había sido bautizado y había mostrado que podía hacerle frente a Satanás, ¡era hora de que empezara Su verdadera obra en la tierra!

—*Tomado de Mateo 4*

Preguntas

* ¿Quién guio a Jesús al desierto para que fuera tentado por Satanás?

* ¿Qué intentó lograr Satanás que Jesús hiciera con las piedras?

* ¿A quién quería Satanás que Jesús adorara?

* ¿Qué le dijo Jesús a Satanás cada vez que Satanás intentó lograr que Jesús hiciera algo?

Una promesa para seguir

Cuando Jesús salió del desierto, después de ser tentado por Satanás, empezó a viajar por la zona. Muchas personas hablaban de Juan, el que había bautizado a Jesús, porque Juan les contaba a todos que Jesús había llegado. Juan les decía a las personas que Jesús era aquel del cual Isaías y Jeremías y los otros profetas habían hablado, el prometido de Dios que abriría un camino para que sus pecados fueran perdonados para siempre. Algunos no le creían a Juan, pero muchos sí.

Un día, Jesús estaba caminando por un pueblo cuando se dio vuelta y se dio cuenta de que había dos hombres que lo seguían. Estos hombres eran hermanos, y estaban siguiendo a Jesús porque Juan había dicho que Él era el prometido. Los hermanos le creyeron y pidieron seguir a Jesús adonde se estaba quedando. No sabían adónde los llevaría, pero sabían que era el que habían estado esperando, así que querían estar con Él. Jesús les dijo que podían seguirlo, y esos dos hombres, Andrés y Pedro, se transformaron en Sus primeros seguidores.

Sin embargo, no fueron los únicos seguidores de Jesús por mucho tiempo.
Al día siguiente, Jesús se levantó y fue a otro pueblo, y Andrés y Pedro lo
acompañaron. Allí, Jesús encontró a Felipe, que había escuchado quién era Jesús
y de inmediato quiso seguirlo también. Pero Felipe no pudo mantener en secreto
esta noticia y se la contó a su amigo Natanael. ¡Le dijo que había encontrado a la
persona que los profetas habían dicho que vendría, Jesús! Al principio, Natanael no
le creyó porque no había visto a Jesús, y estaba esperando a alguien que pareciera
más impresionante. Pero igualmente fue con Felipe a verlo.

Cuando Felipe y Natanael llegaron, Jesús reconoció a Natanael y le habló como
si lo conociera. Natanael estaba confundido porque nunca antes había visto a Jesús,
así que le preguntó cómo lo conocía. Jesús le respondió que incluso ese día, antes
de que Felipe hubiera ido a verlo, Jesús había visto a Natanael bajo una higuera.
Natanael se dio cuenta de que si Jesús sabía esto sobre él, entonces tenía que ser el
Hijo de Dios. ¡Y se lo dijo enseguida! «Maestro, ¡tú eres el Hijo de Dios! ¡Eres el
Rey de Israel!».

No podemos estar seguros porque la Biblia no lo dice, pero fue como si Jesús
se riera un poquito. Le dijo a Natanael: «¿Entonces crees porque te vi debajo de una
higuera?». Fue como si le dijera: «Espera un poquito. Ya verás cosas más grandes
que esta». ¡Jesús también le dijo a Natanael que incluso vería los cielos abiertos y a
los ángeles de Dios subiendo y bajando sobre Jesús!

Jesús y Sus seguidores viajaron por esa zona, y la gente de todas partes quería verlo. Empezó a hacer milagros, que son cosas maravillosas que solo Dios puede hacer, como caminar sobre el agua o hacer que un poquito de comida se transforme en suficiente alimento para miles de personas. Como Jesús estaba haciendo todas estas cosas, la gente empezó a decir que era el hombre que los profetas habían dicho que vendría a salvar al pueblo de sus pecados. Más y más personas lo seguían.

Al tiempo, Jesús se fue solo a una montaña a orar. Había estado muy ocupado con tanta gente que quería cosas de Él, y necesitaba asegurarse de que estaba haciendo todo lo que Dios Padre quería que hiciera. Así que oró y le pidió ayuda al Padre. Al día siguiente, Jesús llamó a todos Sus discípulos y seleccionó a doce hombres para que fueran Sus apóstoles, aquellos a los que les enseñaría y mantendría cerca mientras estaba sobre la tierra.

Estos hombres pudieron conocer de cerca a Jesús, amarlo y aprender de Él. Y muchos de ellos escribieron todas las cosas que Él hizo, para que pudiéramos tenerlas en la Biblia y conocer las historias ahora. ¡Algunas de esas historias nos hablan de las cosas increíbles que ellos vieron hacer a Jesús!

—*TOMADO DE JUAN 1; LUCAS 6*

Preguntas

✸ ¿Quiénes fueron los primeros dos seguidores de Jesús?

✸ ¿Dónde había visto Jesús a Natanael?

✸ Según la gente, ¿quién era Jesús?

✸ ¿Cuántos hombres eligió Jesús para que fueran Sus apóstoles?

Promesas con poder

Cuando estás enfermo, es probable que quieras estar en un lugar cómodo con alguien que te quiere y te cuida, ¿no? Quizás quieres cierta almohada o algún remedio, pero solo si no tiene feo gusto. O tal vez conociste a alguien que estaba tan enfermo que no había medicina que lo ayudara a mejorar. Si estás muy enfermo y no hay medicina que ayude, eso puede darte mucho miedo.

Jesús se encontró con muchas personas con esa clase de enfermedad. Algunos tenían enfermedades que les cubrían la piel con ampollas contagiosas que hacían que todos los esquivaran. Otros eran ciegos o no podían caminar. Una señora había estado sangrando por doce años y no podía hacer que la sangre se detuviera. Y unas pocas personas ya se habían muerto, pero la gente que las amaba le rogaba a Jesús que de alguna manera las sanara.

Las multitudes que rodeaban a Jesús eran inmensas y todos querían algo de Él. Pero como Jesús es Dios, siempre supo quién estaba ahí y en quién tenía que concentrarse. Así que, cuando las personas se le acercaban, Jesús las veía como Dios las ve; las amaba. Muchas veces, otros trataban a los enfermos como si estuvieran enfermos porque habían hecho algo malo. Jesús dijo que eso no era verdad, y muchos de Sus milagros sanaban a los enfermos que encontraba. Con una palabra de Jesús, el hombre que no podía caminar pudo pararse y andar. Con un toque de Jesús, el hombre que había sido ciego pudo ver, y los que tenían ampollas contagiosas fueron sanados cuando se bañaron donde Jesús les indicó.

¿Y la mujer que no podía parar de sangrar? Jesús ni siquiera tuvo que tocarla para que se sanara. Sencillamente, extendió su mano en medio de la gran multitud y tocó el borde del manto de Jesús, y se sanó. Jesús sintió que salía poder de Él y se dio vuelta para buscar a la mujer. Ella le dijo que sabía quién era y que podía sanarla si quería. Jesús se dio cuenta de que esta mujer era muy valiente para creer esto después de tantos años de estar enferma, y le agradó que confiara en Él, así que la sanó con alegría.

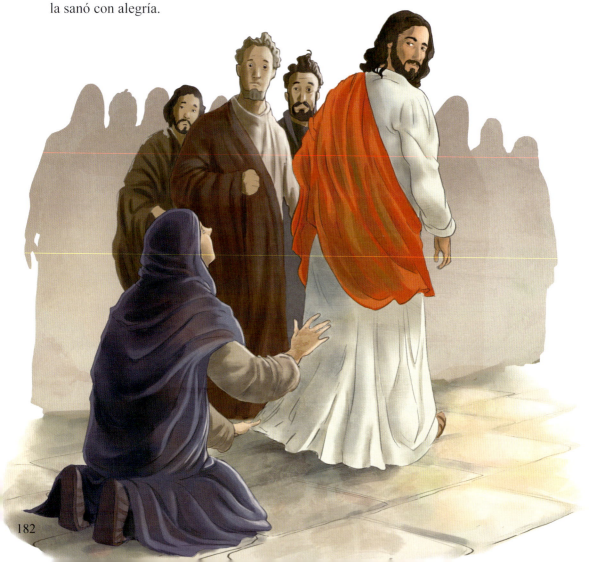

Después, había un padre que llegó apurado a pedirle a Jesús que fuera a sanar a su hijita enferma. Pero cuando llegaron a la casa, la familia estaba llorando porque la niña ya había muerto. Sin embargo, Jesús sabía que no era el final de la historia. Le dijo a la familia que dejara de llorar, y fue hasta la cama donde estaba acostada la niña muerta. Le dijo: «Niñita, levántate», ¡y la niña se levantó! Había estado muerta, pero con unas palabras de Jesús, vivió otra vez.

Esta niña no fue la única a la que Jesús levantó de los muertos. Un hombre llamado Lázaro había estado muerto cuatro días antes de que Jesús por fin llegara donde estaba. Sus hermanas estaban molestas con Jesús porque sabían que podría haber sanado a su hermano. Jesús también estaba triste. Había conocido a Lázaro, y lloró cuando se enteró de que Su amigo había muerto. Entonces, fue a la tumba donde habían sepultado a Lázaro, y había mucha gente reunida allí. Jesús pidió que abrieran la tumba.

Levantó los ojos al cielo y oró: «Padre, gracias por haberme oído. Tú siempre me oyes, pero lo dije en voz alta por el bien de toda esta gente que está aquí, para que crean que tú me enviaste». Y después, gritó: «¡Lázaro, sal de ahí!».

¿Y adivina qué? Eso fue exactamente lo que sucedió. ¡Lázaro salió vivo y caminando como si nada! Todavía estaba envuelto en las telas con las que lo habían sepultado. Jesús había salvado a Lázaro, pero también había hecho lo que vino a hacer, a enseñar a las personas lo que era verdad: que era Dios y tenía poder sobre la muerte. Y funcionó, porque muchas personas que lo habían visto empezaron a creer en Jesús.

Hay una cosa más importante para saber… aunque Jesús tiene poder sobre toda enfermedad y la muerte, no sanó a todos los que estaban enfermos ni hizo que todos los muertos volvieran a vivir. Y ahora tampoco lo hace. No vino a la tierra para arreglar nuestros ojos o nuestra piel o para mantenernos más tiempo con vida aquí. Esas fueron cosas que hizo para mostrar *misericordia,* que es una palabra adulta que significa que era amable con las personas cuando no tenía por qué serlo. También fueron cosas que hizo para mostrar que era Dios. Jesús vino a la tierra para salvar a Su pueblo de sus pecados y para lograr que un día, podamos tener una tierra nueva donde nunca más haya enfermedad ni muerte.

—*Tomado de Mateo 8; Marcos 2, 5; Juan 11*

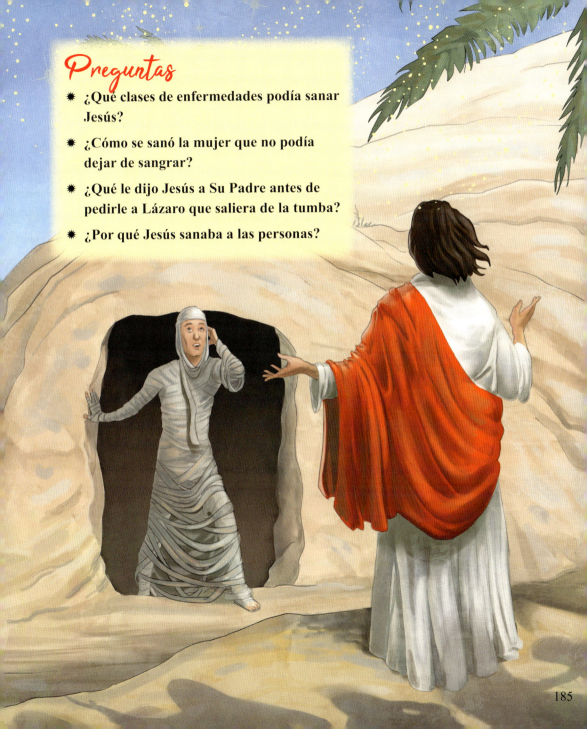

Preguntas

* ¿Qué clases de enfermedades podía sanar Jesús?

* ¿Cómo se sanó la mujer que no podía dejar de sangrar?

* ¿Qué le dijo Jesús a Su Padre antes de pedirle a Lázaro que saliera de la tumba?

* ¿Por qué Jesús sanaba a las personas?

Una promesa viva

Jesús siguió viajando y enseñando y cuidando a las personas. En general, hablaba con el pueblo de Dios, con los que descendían de Abraham, Isaac y Jacob. Así que solía viajar por los pueblos y los lugares donde vivía el pueblo de Dios. Sin embargo, no siempre lo hacía de esta manera, porque sabía que el plan era que el pueblo de Dios creciera hasta incluir a aquellos que nunca habían formado parte de ese pueblo.

Un día, estaba viajando por un lugar llamado Samaria, donde no vivía el pueblo de Dios. Es más, muchos del pueblo de Dios pensaban que era un lugar malo con gente mala. Jesús estaba solo y se detuvo junto a un pozo para beber agua. Allí, se encontró con una mujer que también estaba sola. Le pidió si podía darle de beber, y ella se sorprendió mucho. Sabía que los del pueblo de Dios nunca le pedirían agua a una mujer de Samaria porque pensaban que los samaritanos eran malos.

Jesús empezó a hablar con ella no solo sobre beber agua común, sino sobre tener un agua viva que nunca se acabaría. Al principio, ella no le entendió, estaba muy confundida y no sabía por qué este hombre le hablaba. No lo sabía, pero en realidad, Él no estaba hablando de agua. Estaba hablando de tener una vida que no termina después de morir.

Jesús le habló sobre su vida, y ella no le dijo toda la verdad. Solo le contó algunas partes de la verdad. Pero como Jesús es Dios, Él ya sabía todo sobre su vida y le dijo toda la verdad. Ella se quedó asombrada y pensó que debía de ser un profeta, porque sabía tantas cosas. Se preguntó cuál sería el mejor lugar para adorar, ya que no formaba parte del pueblo de Dios. Jesús empezó a decirle que llegaría el momento en que ella podría adorar a Dios, pero no sería necesario que lo adorara en ningún lugar especial. En cambio, Dios quería que las personas lo adoraran en sus corazones y con sinceridad.

Lo que Jesús dijo cambió algo en el corazón de la mujer, y ella comprendió lo que los profetas habían dicho. Dijo que sabía que venía uno que rescataría al pueblo de los pecados y la muerte. ¡Jesús le dijo que ese era Él!

La mujer corrió de regreso a su casa y les dijo a todos los que encontró que fueran a ver al hombre que le había dicho todas las cosas que ella había hecho en su vida. Muchos creyeron por cómo había cambiado aquella mujer junto al pozo, y por lo sorprendida que estaba. La habían conocido durante años, y como estaba tan distinta, todos supieron que había pasado algo muy importante.

La gente del pueblo de Samaria encontró a Jesús y a Sus discípulos y les pidió que se quedaran. Jesús pasó tiempo con los samaritanos, les enseñó y les habló la verdad durante dos días. Antes de irse, le dijo a la mujer que toda esa gente no *solo* creía por lo que ella le había dicho, sino también por lo que había escuchado de parte de Él, que les había dicho que era el Salvador vivo, Aquel que ofrecía agua viva a *todos* los que confiaran en Él.

Y sí que lo es.

—*TOMADO DE JUAN 4*

Preguntas

* ¿Al pueblo de Dios le caía bien toda la gente que vivía cerca de ellos?

* ¿Qué le pudo decir Jesús a la mujer junto al pozo?

* Según Jesús, ¿cómo quería Dios que las personas lo adoraran?

* ¿Qué hizo el resto de las personas en el pueblo cuando se enteraron de lo que dijeron la mujer y Jesús?

La promesa que algunos no querían

Donde iba Jesús, las multitudes que lo seguían parecían cada vez más grandes. Él mantenía cerca a Sus doce apóstoles, y lo ayudaban con las multitudes, pero a veces, las cosas se salían de control. Jesús iba a un pueblo nuevo a enseñar o pasaba simplemente por alguna aldea, y las multitudes se agrupaban y querían escucharlo o pedirle que sanara a los enfermos. Un día, ¡más de 5000 personas lo habían seguido! ¡Son más personas de las que tienen algunos pueblos! La multitud tenía hambre, y los apóstoles entraron en pánico. La única comida que tenían era dos peces y cinco panes que un niño había llevado para almorzar. ¡Pero eso no alcanzaba para alimentar a miles de personas! ¡La gente con hambre se puede poner muy enojada! Pero Jesús no tenía miedo.

Con calma, les dijo a los apóstoles que le pidieran a la gente que encontrara un lugar para sentarse. Después, oró por los dos peces y los cinco panes y empezó a partirlos y dividirlos entre canastos para repartir entre la multitud. Todos los que estaban ahí vieron que empezó con un poquito de comida nada más, pero de alguna manera, cada persona (más de 5000) comió y comió hasta quedar muy llena. Al final, los apóstoles recolectaron la comida que sobraba, ¡y quedaron doce canastos llenos! ¡Fue un milagro! Todo el pueblo empezó a decir que esto era una prueba de que Jesús era Aquel que los profetas habían prometido, el que vendría a salvarlos. Jesús sabía que la gente iba a intentar obligarlo a transformarse en rey. Sabía que tal vez entendieran que era Dios, pero también sabía que no entendían lo que había venido a hacer. Así que subió a la montaña a pasar algo de tiempo tranquilo.

192

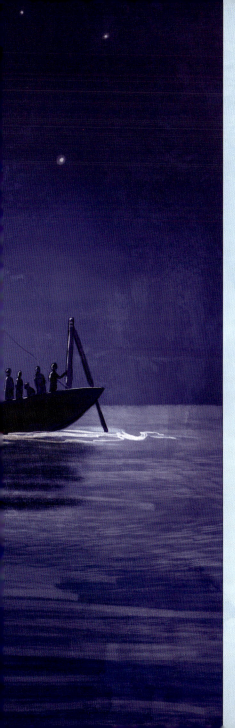

Esa noche, Sus apóstoles se subieron a una barca para cruzar el mar. Jesús todavía no había bajado de la montaña. Los hombres estaban bien metidos en el mar cuando, de repente, ¡casi se mueren del susto cuando vieron a alguien que *caminaba* por el agua hacia ellos! Entraron en pánico y estaban desesperados, hasta que el hombre dijo: «Soy yo. No tengan miedo». ¡Era Jesús! Jesús se subió a la barca con Sus apóstoles asombrados.

La multitud que había quedado atrás con la esperanza de que Jesús bajara de la montaña se dio por vencida a la mañana. Vieron que ya no quedaban barcos en la orilla, y sabían que Jesús no estaba con los apóstoles cuando ellos se fueron, pero igualmente cruzaron el mar para buscarlo. Cuando llegaron y vieron a Jesús con Sus apóstoles, se sintieron confundidos y le preguntaron cuándo había llegado ahí.

Jesús les dijo que estaban siguiendo Sus milagros en vez de seguirlo a Él. No se los dijo ese día, pero en su corazón, todavía querían las cosas equivocadas. Querían algo que los hiciera sentir bien o que les hiciera la vida más fácil. No querían que su corazón estuviera conectado al corazón de Dios. Jesús sabía que algunas de las cosas que fue enviado a hacer los confundirían, cosas como salvar a los que *no* habían sido parte del pueblo de Dios antes y como entregar Su propio cuerpo por ellos. Pero ese era el propósito de Jesús.

El Padre lo había enviado a traer vida eterna. Prometió que *todos* los que creen en Él no volverán a pasar hambre ni sed, ¡y vivirán para siempre!

Las palabras de Jesús les molestaron mucho a los líderes del templo. Esta no era la promesa que querían. Querían a un rey que prometiera hacer que el pueblo de Dios fuera poderoso. Querían a alguien que los protegiera y mantuviera alejados a sus enemigos. Y querían ese poder *ahora*. Pero Jesús siguió diciendo que todo lo bueno llegaría en el futuro y que primero habría sufrimiento. Así que no es ninguna sorpresa que, aunque Jesús era el que los profetas habían prometido y estaba haciendo toda clase de milagros, algunas personas (incluso uno de Sus apóstoles) empezaron a pensar en cómo deshacerse de Él de una vez por todas.

—*TOMADO DE JUAN 6*

Preguntas

* **¿Por qué había tanta gente que seguía a Jesús?**

* **¿Cómo hizo Jesús para alimentar a más de 5000 personas cuando no había suficiente comida?**

* **¿Cómo hizo Jesús para subirse a la barca con Sus apóstoles?**

* **¿Qué querían algunos líderes del templo que fuera Jesús?**

La entrada prometida

Cuando Jesús estaba en la tierra, el pueblo de Dios no tenía muchas iglesias como las que tenemos hoy. Tenían un lugar principal donde adorarlo. Se llamaba el templo, y estaba en una ciudad llamada Jerusalén. El pueblo de Dios estaba preparando una celebración allí para adorarlo, pero también hablaba de Jesús y se preguntaba si en realidad sería el que los profetas habían dicho que Dios enviaría. ¡Ellos querían un rey!

Jesús sabía que el pueblo quería algo distinto de lo que Él había venido a hacer a la tierra. Pero también sabía que tenía que empezar a mostrarles a las personas cómo sería su verdadero rey, y a ayudarlas a entender cómo seguir de verdad a Dios. Entonces, Jesús les dijo a algunos de Sus discípulos que fueran antes que Él a un lugar donde encontrarían un burrito que podían usar. Ellos obedecieron y encontraron al burrito, tal como Jesús había dicho.

Le llevaron el burrito a Jesús, y Él se subió. Ahora bien, los burros no son animales elegantes. Los reyes no andaban en burro. Andaban en hermosos caballos o tenían carruajes muy elegantes. Los burritos eran lo que usaba la gente pobre para andar. Pero Jesús quería entrar a la ciudad de Jerusalén en un burrito. Necesitaba que la gente empezara a entender que no había venido a buscar símbolos lujosos de poder; había venido como una clase distinta de Rey, uno que se parecería más a todas las personas. Y todo esto sucedió tal como Dios había prometido a través de un profeta hacía mucho, mucho tiempo; ¡Dios había prometido que Jesús llegaría un día a Jerusalén en un burrito!

Sin embargo, el pueblo no entendió. Estaban todos emocionadísimos de ver a Jesús porque se habían enterado de Sus milagros. Arrojaban sus mantos y algunas ropas por el camino frente a Él mientras iba pasando, haciendo una especie de alfombra para Él, como se haría para un rey. También agitaban ramas de palmas y alababan a Dios, diciendo: «Bendito es el rey que viene en el nombre del Señor. ¡Paz en el cielo y gloria en las alturas!».

La gente entendió una parte, pero no todo. Al entrar a la ciudad de esa manera, Jesús estaba dejando en claro que *sí* era el Rey. Pero al andar sobre un burrito y no tener un grupo de sirvientes como los demás reyes, mostraba que no era la clase de rey que ellos esperaban. Jesús podría haber ido al templo y declarado que era el rey, y le habrían dado todo el poder sobre la tierra. Podrían haberle dado dinero y ropa elegante, y toda clase de gente para que lo sirviera. Podría haber tenido cualquier clase de comida y joyas que quisiera cuando las quisiera. Pero Jesús no vino a ser esa clase de rey.

Jesús vino a ser la clase de rey que se subía a un burrito cuando podría haber cabalgado sobre el mejor de los caballos. Vino a ser la clase de rey que eligió pescadores para que fueran Sus amigos, y no la clase de amigos elegantes que también quisieran poder para ellos. Vino a ser la clase de rey que se sacrificaría por Su pueblo, y no a quitarle cosas al pueblo.

Además, vino a ser la clase de rey que esperaba que el pueblo le diera a Dios lo mejor y que tuviera un corazón que amara a Dios y quisiera servirlo y adorarlo. Así que, cuando Jesús entró a Jerusalén y fue al templo, lo que vio no lo puso contento. La gente había transformado el templo (el lugar donde había que adorar a Dios) en un lugar donde se vendían cosas y se hacía dinero, no en un lugar donde se podía adorar al Señor. Jesús se enojó y dio vuelta las mesas y gritó que el templo de Dios debía ser un lugar de adoración, pero ellos lo habían convertido en un lugar parecido al que viven los ladrones. Esto hizo que los líderes del templo se enojaran mucho. Querían que Jesús fuera cierta clase de rey, y Él no estaba actuando como ese rey, así que siguieron tramando un plan para deshacerse de Él.

—*TOMADO DE LUCAS 19; MATEO 21*

Preguntas

✳ **¿Qué clase de rey esperaba y quería el pueblo?**

✳ **¿Qué clase de rey sería Jesús?**

✳ **¿Sobre qué animal entró Jesús a Jerusalén? ¿Por qué?**

✳ **¿Qué hizo que Jesús se enojara en el templo?**

El complot prometido

¿Recuerdas que muchos años antes de que Jesús naciera, el profeta Isaías habló sobre cómo Jesús sufriría cuando viniera? Una de las cosas que dijo Isaías era que el pueblo le daría la espalda a Jesús y lo despreciaría, lo cual es una manera elegante de decir que no les caería nada bien.

Bueno, Dios siempre cumple Sus promesas, y siempre sabe lo que va a suceder, así que lo que le dijo a Isaías fue exactamente lo que le pasó a Jesús. Cuando Jesús entró en Jerusalén y fue al templo y dio vuelta las mesas para que a todos les quedara bien claro que no tenían que tratar el templo de esa manera, Jesús y Sus discípulos fueron a la casa donde se quedarían a pasar la fiesta de la Pascua.

En esos días, los principales sacerdotes del templo hicieron un complot para matar a Jesús. Se habían dado cuenta de que no sería el rey que ellos querían, pero sabían que había mucha gente que lo seguía. Tenían miedo de que Jesús terminara teniendo más seguidores que ellos, y entonces ya no serían tan poderosos. Como tenían celos de Jesús, decidieron librarse de Él de una vez por todas. Lo despreciaban, tal como Isaías había dicho que pasaría. Y como Isaías había dicho, hicieron un plan para que a Jesús lo golpearan, se burlaran de Él y luego lo mataran.

Pero los principales sacerdotes sabían que necesitaban ayuda con su plan. Y esa ayuda en realidad era fácil de encontrar. ¿Recuerdas esa serpiente que habló con Eva en el jardín? Bueno, esa serpiente se llamaba Satanás, y quería destruir a Dios y transformarse en Dios. Fue la misma que intentó lograr que Jesús pecara en el desierto. Como eso no había funcionado, Satanás ayudó con mucho gusto a los sacerdotes con su plan de librarse de Jesús. La Biblia dice que esta vez, Satanás no apareció como una serpiente. En cambio, se metió dentro de uno de los apóstoles de Jesús, un hombre llamado Judas.

Cuando Satanás se metió dentro de Judas, él se reunió con los principales sacerdotes y los ayudó a planear cómo capturar a Jesús y cómo decir mentiras que meterían en problemas a Jesús para que pudieran castigarlo con la muerte. El grupo decidió que, después de la Pascua, Judas les diría adónde encontrar a Jesús. Allí, los sacerdotes arrestarían a Jesús y se lo entregarían al gobierno, que eran como la policía de hoy. La diferencia era que este gobierno consideraba que era un crimen mentir y decir que eras un rey, o no obedecer al gobierno. En realidad, Jesús no era culpable de estas cosas. Era un Rey, pero no el que ellos querían. Y les había dicho a los demás que obedecieran al gobierno, así que no había hecho nada malo. Pero Judas y los principales sacerdotes sabían que si decían todo esto, sería suficiente para que Jesús se metiera en problemas y lo mataran. Y eso era lo que querían.

Los sacerdotes le pagaron a Judas algo de dinero para que los ayudara, pero la verdadera razón por la que lo hizo fue que Satanás le dijo que lo hiciera, y él escuchó a Satanás en vez de a Dios. Judas no entendía que Jesús era Dios y que sabía exactamente lo que él había hecho.

Judas, los principales sacerdotes y Satanás no sabían que esto era lo que Dios siempre había planeado.

—*Tomado de Isaías 53; Lucas 22*

Preguntas

* **¿Por qué Judas traicionó a Jesús?**

* **¿Por qué crees que Satanás eligió a Judas para entrar en él y controlarlo?**

* **¿Por qué los sacerdotes despreciaban a Jesús?**

* **¿Qué planeaban decir los sacerdotes que Jesús había hecho, para lograr que lo arrestaran?**

El Siervo prometido

Jesús y Sus apóstoles se reunieron en una gran habitación a compartir la comida de la Pascua. Pero Jesús no estaba allí solo para comer. Era su maestro, después de todo, y sabía que no quedaba mucho tiempo para enseñarles.

Así que, mientras estaban todavía sentados a la mesa, Jesús se levantó y llenó un gran tazón con agua. Después, tomó una toalla y, uno por uno, empezó a lavarles los pies a los apóstoles con agua. Lavar los pies de los demás era algo que los siervos hacían por sus amos. No era algo que los maestros o los reyes hicieran por sus alumnos y amigos. Y sin duda, no era algo que los apóstoles pensaran que el Prometido haría por aquellos que había venido a salvar. Pero esto se pareció a lo que hizo Jesús cuando decidió andar sobre el burrito. No sería la clase de Salvador o Rey que el pueblo esperaba.

Cuando Jesús llegó a los pies de Pedro, Pedro no supo cómo manejarlo. Amaba a Jesús y sabía que Jesús era Dios. ¡No podía permitir que Dios le lavara sus pies sucios y asquerosos! Pedro dijo que de ninguna manera podía lavarle los pies, sino que él quería lavarle los pies a Jesús. Pero Jesús tenía una respuesta, y le dijo que si Pedro no le permitía lavarle los pies, no serían más amigos. Bueno, ¡eso sí que lo hizo cambiar de opinión! Entonces, Pedro le dijo que no le lavara solo los pies, ¡sino también la cabeza y las manos! Pedro amaba muchísimo a Jesús, pero Jesús sabía que el amor de Pedro era grande pero inestable, así que a veces fallaría. Pero no había problema porque Jesús vio el corazón de Pedro y supo que era tierno para Dios, y que Pedro realmente quería amar, escuchar y obedecer a Dios. Esta era exactamente la clase de corazón que podía permanecer conectado con el de Dios y que agradaba mucho a Jesús.

Cuando Jesús terminó de lavarles los pies a los apóstoles, les explicó que lo que acababa de hacer era un ejemplo para ellos. Les dijo que todo lo que los profetas habían prometido estaba por cumplirse, y que uno de los apóstoles lo había traicionado. Explicó que cuando se cumplieran todas las promesas, habría una nueva manera de vivir para ellos. Ya no celebrarían la Pascua, sino que celebrarían la muerte de Jesús. Comerían pan para recordar Su cuerpo, y beberían vino para recordar Su sangre.

Además, Jesús les dijo que debían servirse y amarse unos a otros, como Él había hecho al lavarles los pies. Durante mucho tiempo, el pueblo de Dios había querido poder para asegurarse de que nadie pudiera lastimarlos ni esclavizarlos como el faraón tantos años atrás. Pero Jesús dijo que llegaría un tiempo nuevo, un tiempo en el que todos conocerían a Su pueblo por cómo se amarían unos a otros y por cómo se servirían unos a otros. Así como el amor de Dios nunca termina (es eterno), Jesús quiere que nuestro amor unos por otros también sea eterno.

Los discípulos se sintieron asustados y confundidos por lo que Jesús dijo, y empezaron a hacerle toda clase de preguntas. Jesús quería que entendieran lo suficiente como para que, cuando empezara a pasar todo, ellos recordaran; pero todavía no era momento de que entendieran todo, así que no les contó todas las cosas. Sí les dijo algunas muy importantes. Pronto tendría que dejarlos, y ellos no podrían ir enseguida adonde Él iría. Pero un día, estarían allí con Él, y tendrían un lugar esperándolos.

Después, Jesús les dijo a los discípulos lo mejor de todo: que todos los que habían visto a Jesús habían visto al Padre, porque ellos eran uno. Jesús era Dios. Era el Prometido, ¡y los discípulos estaban a punto de ver cómo Dios cumplía todas Sus promesas a través de Él!

—*Tomado de Juan 13*

Preguntas

* ¿Qué hizo Jesús con los discípulos cuando fueron a comer la Pascua?

* ¿Quién no quería que Jesús le hiciera esto? ¿Por qué no?

* ¿Qué les dijo Jesús que les estaba enseñando a hacer y a ser al lavarles los pies?

* ¿Qué dijo Jesús que estaba a punto de pasar?

El Libertador prometido
liberó hasta morir

Después de participar de la comida de la Pascua con Sus apóstoles, de lavarles los pies y contarles lo que sucedería pronto, los llevó a un jardín para que Él pudiera orar. Jesús les pidió a Pedro, Juan y Santiago que se quedaran vigilando mientras Él iba más adentro del jardín.

Pronto, Jesús sería asesinado. Aunque estaba dispuesto a dar Su vida, estaba muy triste. Oró a Dios Padre y le preguntó si había alguna otra manera de hacer lo que tenía que hacer. Alguna otra manera de perdonar los pecados de las personas, de hacer que sus corazones fueran tiernos para Dios otra vez, de aplastar a la serpiente y vencer a la muerte. Pero después, le dijo a Su Padre que haría lo que Él considerara que era mejor.

Jesús oró toda la noche, y de a ratos iba a ver cómo estaban los discípulos, que se quedaban dormidos en vez de orar. Pero Jesús sabía lo que estaba por pasar. Les dijo que tuvieran cuidado y no se quedaran dormidos si Jesús les había pedido que estuvieran despiertos, porque llegaría el día en que tendrían que vigilar y orar para no escuchar la voz equivocada y terminar pecando.

Entonces, llegó el momento que Jesús sabía que se acercaba. El momento en que Judas llegaría para entregarlo en manos de los que lo arrestarían. Y efectivamente, eso fue lo que sucedió. Judas les había dicho a los soldados cómo saber cuál era Jesús, así que cuando llegó junto con los soldados y una multitud de personas, fueron rápidamente y atraparon a Jesús. Pedro tomó una de las espadas e intentó defenderlo, ¡hasta le cortó la oreja a uno de los soldados! Pero Jesús le dijo con firmeza a Pedro que se detuviera y no peleara, porque era la voluntad de Dios que lo arrestaran.

Los soldados llevaron a Jesús ante los principales sacerdotes para hacerle preguntas. Los sacerdotes mintieron y dijeron que Jesús había roto alguna ley, para poder castigarlo con la muerte. Pero después de todas las preguntas que le hicieron, no pudieron encontrar nada que hubiera hecho mal. Entonces, el sumo sacerdote le hizo a Jesús la gran pregunta… si era el Prometido que vendría, el Hijo de Dios. Jesús respondió que sí, ese era Él, y que un día lo verían sentado en el trono reinando sobre todas las cosas a la derecha de Dios Padre.

Bueno, eso fue suficiente. El sumo sacerdote estaba tan enojado que empezó a romperse la ropa. Este hombre, este Jesús, ¡no podía ser el Prometido! El Prometido sería un rey poderoso que nunca andaría en un burrito ni pasaría tiempo con pescadores ni se preocuparía por los enfermos. El Prometido solo querría estar con los principales sacerdotes y darles todas las cosas especiales que ellos creían que se merecían. ¡El sumo sacerdote estaba tan enojado que dijo que las palabras de Jesús eran un crimen que tenía que castigarse con la muerte!

En realidad, los sacerdotes no podían matar a Jesús. Necesitaban que el gobierno lo matara, así que llevaron a Jesús a ver a un hombre llamado Pilato, que estaba a cargo de la ciudad. Él era el que decidía si alguien merecía morir por un crimen o no. A Pilato, le dijeron que Jesús había dicho que era el Hijo de Dios, y que como los líderes del pueblo de Dios, los sacerdotes querían que mataran a Jesús.

Pilato no era parte del pueblo de Dios, así que le dio curiosidad que estos sacerdotes estuvieran tan enojados con Jesús. Habló con Jesús y le preguntó si era el Hijo de Dios, como ellos habían dicho. Le preguntó si era el Rey del pueblo de Dios. Pero Jesús no le respondió, así que Pilato decidió que permitiría que el pueblo de Dios decidiera si había que matarlo o no.

Pilato salió ante la multitud y les preguntó si querían que liberara a Jesús o a otro prisionero que había matado a alguien. El prisionero al que liberara Pilato quedaría libre, y al que no liberara, moriría. La multitud gritó que quería que liberaran al asesino y que mataran a Jesús.

Así que eso fue lo que hizo Pilato.

Y de esa manera, Dios estaba cumpliendo Su promesa de enviar a un Libertador a salvar a Su pueblo de sus pecados.

—*Tomado de Marcos 14–15; Juan 18*

Preguntas

* **¿Dónde fue Jesús después de la Pascua?**

* **¿Qué dijo Jesús al orar mientras estaba ahí?**

* **Cuando arrestaron a Jesús, ¿acaso Él se defendió?**

* **¿Qué dijo Jesús que hizo que el sumo sacerdote se rompiera la ropa enojado?**

La promesa oscura

Después de que la multitud le dijo a Pilato que crucificara a Jesús, los soldados llevaron a Jesús a una habitación donde empezaron a prepararlo para matarlo. Se burlaron de Él, diciendo que era el Rey del pueblo de Dios, y le pusieron una túnica púrpura como la que usaría un rey. Después, tomaron unas ramas con espinas afiladas y las doblaron para armar una corona. Se la pusieron a Jesús apretándole la cabeza, de manera que las espinas le cortaron la piel y lo lastimaron.

Pero no se detuvieron ahí. Empezaron a golpear a Jesús con palos y a escupirlo. En todo esto, Jesús se quedó callado y no se defendió. Después, le quitaron la túnica púrpura y le volvieron a poner Su propia ropa para llevarlo adonde moriría.

La manera en la que Jesús moriría se llamaba *crucifixión,* y era la peor manera posible de morir. Dos inmensas vigas de madera se clavaban juntas en forma de cruz. Los soldados clavaban las manos y los pies de los prisioneros a la madera, para que el prisionero no se moviera de ahí. Después, lo dejaban colgando hasta que ya no podía respirar más, porque nuestro cuerpo no está hecho para colgar de una cruz de madera.

Eso fue lo que le sucedió a Jesús. Los soldados lo clavaron a una cruz entre otros dos hombres que también fueron crucificados ese día. La dolorosa corona de espinas seguía sobre Su cabeza. Mientras Jesús colgaba de la cruz, se fue juntando una multitud de gente, porque esta no es una muerte que llega rápido. Es algo lento, doloroso y horrible, y para Jesús, fue especialmente horrible, porque la gente le gritaba cosas muy feas. Quizás incluso ahora te sientas muy triste al leer o escuchar esto. Pero no pierdas la esperanza, porque recuerda que este era el plan de Dios, y los planes de Dios siempre resultan bien. Así que, aunque a Jesús lo crucificaron y tuvo que morir, Dios estaba cumpliendo Sus promesas.

Después de que Jesús estuvo en la cruz varias horas (mucho tiempo para que se burlen de ti o para sufrir tanto dolor), la Biblia dice que se puso muy oscuro en toda la tierra. Y a las pocas horas, Jesús clamó: «Dios mío, Dios mío, ¿por qué me has abandonado?». Después, gritó y respiró por última vez. Allí en la cruz, murió. Y justo cuando esto sucedió, la cortina del templo que separaba al pueblo de Dios de la presencia del Señor se rompió a la mitad. También hubo un gran terremoto en la tierra, y muchas rocas se partieron, y algunas de las personas del pueblo de Dios que habían muerto volvieron a vivir.

Los soldados que vieron todo esto quedaron maravillados y asustados. Se decían unos a otros: «¡Este hombre era verdaderamente el Hijo de Dios!».

Los discípulos de Jesús habían estado ahí y vieron todo, y estaban súper tristes. Tomaron el cuerpo de Jesús y lo envolvieron con mucho cuidado y amor. Después, lo pusieron en una tumba, una especie de cueva donde se enterraba a las personas. Los soldados los obligaron a poner una piedra gigante en frente de la tumba, y hacía falta varios hombres muy fuertes para moverla.

Por supuesto, los soldados que vieron morir a Jesús tenían razón. Él era el Hijo de Dios. Y ahora, estaba muerto. ¿Cómo podía ser? ¿Cómo era posible que Dios muriera? ¿Por qué Dios habría de morir?

Bueno, ¿recuerdas en el jardín, cuando Dios les dijo a Adán y a Eva que si comían del árbol prohibido, llegaría la muerte? Ahora, la muerte había llegado al Hijo de Dios, pero había llegado por una razón. Y había venido para mostrar que el Hijo de Dios destruiría a la muerte.

—*TOMADO DE ISAÍAS 53; MATEO 27; MARCOS 15*

Preguntas

✳ **¿Cómo trataron a Jesús los soldados antes de crucificarlo? ¿Cuáles fueron algunas de las cosas que le hicieron?**

✳ **Mientras Jesús estaba en la cruz, ¿les gritaba a las personas o intentaba bajarse?**

✳ **¿Qué pasó después de que Jesús murió?**

✳ **¿Cómo crees que se sintieron los discípulos después de ver a Jesús morir en la cruz? ¿Cómo te sientes al pensar en eso?**

El Redentor prometido

Muchos, muchos, muchos, muchos, muchos años antes de que Jesús naciera, viviera y muriera, existió un hombre llamado Job. Job amaba mucho a Dios. Y Dios amaba mucho a Job. Este hombre tenía una vida maravillosa: una esposa, diez hijos, muchos animales y sirvientes. Satanás, el que había sido la serpiente en el jardín, le dijo a Dios que Job solo lo amaba porque tenía una vida muy feliz. Dios sabía que esto no era verdad, así que permitió que Satanás le quitara casi todo para mostrar que Job igualmente amaba a Dios. Y eso fue lo que sucedió. Job sufrió, pero al final, adoró a Dios y dijo: «sé que mi Redentor vive, y un día por fin estará sobre la tierra».

Bueno, Job no vivía en la tierra cuando Jesús vivió en la tierra, pero tenía razón. *Redentor* es una palabra que describe a alguien que arregla algo que se había roto. Job sabía que este mundo estaba roto por el pecado que Adán y Eva empezaron en el jardín. Esto hizo que nuestro corazón esté endurecido contra Dios y no podamos amarlo, oírlo y obedecerlo como deberíamos. Nuestros corazones endurecidos nos hacen pecar al no obedecer al Señor. Así que durante años y años, el pueblo de Dios tuvo que hacer sacrificios de animales para intentar redimirse. Pero nunca funcionaba para siempre. Tan solo ayudaba un tiempo.

Dios había prometido una manera de arreglar para siempre el problema de nuestro pecado y la separación de Dios. Job sabía que, un día, eso sucedería a través del Redentor que viviría en la tierra.

Bueno, ese Redentor era Jesús, pero ¿recuerdas que hablamos de que murió en una cruz y lo sepultaron en una tumba? Eso fue lo que pasó. Jesús estaba muerto. Y se quedó muerto varios días. Pero al tercer día, sucedió algo increíble.

Su corazón empezó a latir.

Sus ojos se abrieron.

Empezó a mover los brazos y las piernas.

Rompió las tiras de tela con las que lo habían envuelto.

Y Jesús, el Redentor, el Hijo de Dios que había estado muerto, salió caminando de la tumba completamente vivo.

Un tiempo después, dos mujeres que habían sido seguidoras de Jesús fueron a ver la tumba. Todavía estaban muy tristes y pensaron que estar cerca del cuerpo de Jesús las haría sentir mejor. Cuando se acercaron a la tumba, hubo otro terremoto, y apareció un ángel que tenía el rostro que brillaba como un relámpago. El ángel había quitado la piedra, estaba sentado encima y les anunció que Jesús no estaba ahí porque se había levantado de los muertos. El ángel les dijo que fueran y vieran que la tumba estaba vacía, y que después fueran a decirles a los discípulos que Jesús estaba vivo y los iría a ver pronto.

Las mujeres hicieron lo que el ángel les dijo, y se llenaron de alegría. Cuando se fueron, ¡vieron a Jesús! De inmediato, cayeron a Sus pies y lo adoraron, porque se dieron cuenta de que era Dios. Era el Redentor. Había vencido a la muerte, tal como Dios había prometido que sucedería aquella vez en el jardín. La cabeza de la serpiente quedó aplastada.

Jesús les dijo a las mujeres que se apuraran y les contaran a los discípulos la buena noticia de que estaba vivo. Las mujeres obedecieron, ¡y alabaron al gran Dios que cumple Sus promesas!

—*Tomado de Job 19; Mateo 28*

Preguntas

* ¿Qué le sucedió a Job?

* ¿Quién dijo Job que él creía que vendría y viviría?

* ¿Qué le pasó a Jesús después de un par de días de estar muerto en la tumba?

* ¿Quiénes fueron a visitar la tumba y descubrieron que Jesús estaba vivo?

Una promesa que crece

Las mujeres que habían visto a Jesús se apuraron a ir a contarles a los discípulos que Jesús estaba vivo. Todos se emocionaron muchísimo, aunque algunos no podían creerlo. ¡Pensaron que era demasiado bueno para ser cierto! Pedro salió corriendo a la tumba para ver con sus propios ojos si el cuerpo de Jesús ya no estaba. Después, les dijo a los otros que era verdad… ¡Jesús estaba vivo!

Ese mismo día, dos de los seguidores de Jesús estaban caminando y hablando de todo lo que había pasado. De repente, Jesús empezó a caminar con ellos, pero al principio, hizo que no lo reconocieran. Les preguntó de qué estaban hablando, y ellos le dijeron que hablaban de Jesús, que había muerto crucificado pero que ahora no estaba más en la tumba. Jesús empezó a explicarles todas las promesas de Dios, desde Moisés hasta los profetas y hasta ese mismo minuto, pero ellos todavía no se dieron cuenta de que era Jesús.

Cuando llegaron a la ciudad, los hombres le rogaron a Jesús que fuera con ellos. Querían escuchar más de este maestro. Él accedió, y cuando se preparaban para comer, Jesús se sentó con ellos a la mesa, bendijo la comida y les permitió que se dieran cuenta de que era Jesús. Ellos quedaron maravillados, ¡pero entonces Él desapareció! Entonces, los hombres se pararon y fueron a buscar a los discípulos para decirles que era verdad y que ellos también habían visto a Jesús.

Mientras estaban hablando, Jesús apareció en medio de ellos y dijo: «¡La paz sea con ustedes!». ¡Pero todos estaban un poco asustados porque se apareció en medio de la habitación sin entrar por la puerta! Jesús sabía lo que sucedía en sus corazones, así que les preguntó por qué tenían miedo, y les mostró sus manos y señaló sus pies, donde se podían ver los agujeros que habían dejado los clavos. Después, les dijo que lo tocaran y vieran que era real y que tenía piel y huesos igual que ellos. Ellos no lo podían creer y se llenaron de alegría y esperanza otra vez.

Entonces, ¡Jesús dijo que tenía hambre y pidió algo para comer! Los discípulos le dieron un poco de pan, y después Él empezó a enseñarles como nunca antes. Les explicó todos los planes y las promesas de Dios desde el principio hasta entonces, y empezó a contarles los planes que tenía para ellos.

Jesús les dijo que se iría para estar con Su Padre, pero que enviaría a un Ayudador, el Espíritu Santo, que también era Dios. El Espíritu Santo estaría dentro de los seguidores de Jesús y los ayudaría a hacer lo que Dios les pedía. Jesús explicó que ahora que se iría, los discípulos estarían encargados de hablar de Él a las personas en todo el mundo. Dios les daría fuerza para hablar de los planes y las promesas del Señor. Los usaría para formar a todo un nuevo grupo de personas que creyeran que Jesús era el Prometido que había sufrido el castigo por nuestros pecados y había vencido la muerte.

Jesús dijo que fueran a decirles a todos, no solo a los que ya eran parte del pueblo de Dios. Dijo que les enseñaran a todos cómo recibir el perdón de pecados y que los bautizaran tal como Él había sido bautizado. Y Jesús dijo que estaría con ellos en espíritu para siempre.

Poco después, mientras ellos miraban, Jesús empezó a elevarse en el aire hasta que pasó los techos de las casas, los árboles y las nubes. Ellos se quedaron mirando mientras Jesús subía al cielo a estar con Su Padre. Su obra en la tierra había terminado, y ahora Dios usaría a Sus discípulos para crear un nuevo pueblo que lo amara, lo adorara y lo obedeciera, gracias a lo que Jesús había hecho.

—*Tomado de Lucas 24; Juan 20*

Preguntas

* **¿Acaso todos creyeron que Jesús estaba realmente vivo?**

* **¿Qué les pidió Jesús a los discípulos?**

* **¿Cuál les dijo Jesús que sería su tarea después de que Él se fuera?**

* **¿Adónde se fue Jesús?**

Una promesa que ayuda

Jesús les había dicho a los discípulos que enviaría al Espíritu Santo a llenarlos. El Espíritu Santo los ayudaría a contarles a otras personas sobre Jesús y cómo recibir perdón de sus pecados. Poco después de que Jesús subió al cielo, los discípulos estaban reunidos cuando, de repente, hubo un sonido muy loco como de algo que pasaba volando y después un viento fuerte llenó toda la casa. Nunca antes había pasado algo igual.

Los discípulos empezaron a hablar para tratar de entender lo que había pasado, pero cuando hablaban, lo hacían en distintos idiomas, ¡incluso idiomas que nunca antes habían escuchado! Mientras hablaban en estos idiomas y después de que ese viento y ruido impresionantes habían venido, la gente empezó a venir corriendo de todo el pueblo para ver qué pasaba. Desde lejos, se escuchaba todo el ruido. Muchas de estas personas venían de lugares que hablaban idiomas distintos a los de los discípulos, ¡pero todos los que llegaron allí escucharon a los discípulos hablar en el idioma de ellos! La gente estaba atónita, que es una palabra de grandes para decir que estaban súper sorprendidos, confundidos y emocionados, todo al mismo tiempo.

Algunas de las personas empezaron a preguntar qué significaba todo eso, y querían saber si tenía que ver con Jesús; otros simplemente se burlaban de los discípulos. Pero los discípulos sabían qué significaba. Sabían que había llegado el momento de que ellos hicieran lo que Jesús les había mandado. Tenían que empezar a enseñarles a los demás todo lo que Él les había enseñado.

239

Así que Pedro empezó. Mientras los otros discípulos estaban junto a él, Pedro levantó la voz y le habló a la multitud. Les dijo que podían escuchar y entender los distintos idiomas gracias a un milagro de Jesús, Aquel que habían crucificado, pero que había vuelto a vivir y que ahora estaba en el cielo con Dios el Padre. Pedro les dijo que Jesús era el Prometido del cual siempre habían escuchado, y que eran responsables de haberlo matado. Sin embargo, no se detuvo allí. Podría solo haber hecho que la gente se sintiera mal por matar a Jesús. Después de todo, Pedro amaba a Jesús, y era verdad que ellos lo habían matado.

Pero Pedro sabía que amar a Jesús significaba que también tenía que amar a los demás, incluso a los que no amaban a Jesús ni amaban a Pedro. Así que cuando

la gente preguntó qué tenía que hacer, Pedro no le dijo cosas feas. En cambio, dijo que ahora podían empezar a seguir a Jesús por más que ya se hubiera ido. Les dijo que tenían que dejar de seguir a dioses inventados y empezar a seguir al único Dios verdadero que había creado el mundo y que era Dios Padre, Jesús y el Espíritu Santo. Necesitaban alejarse de sus viejas maneras de hacer las cosas y empezar a seguir lo que Jesús enseñaba. Esto probaría que confiaban en que Jesús perdonaría sus pecados. Pedro les dijo que se bautizaran en el nombre de Jesús como una señal de que habían recibido el perdón; entonces, ¡también recibirían el Espíritu Santo en ellos!

¿Puedes creerlo? La promesa de Jesús no fue solo para los primeros discípulos de Jesús. No eran los únicos que tenían que hablarles a los demás de Él y ser llenos del Espíritu Santo. Dios prometió el Espíritu Santo a todos los que le pidan a Jesús que perdone sus pecados y confíen en que lo hará. El Señor permitiría que todas esas personas les hablaran a otros de Jesús. Y es lo que seguimos haciendo hoy… es más, ¡es lo que estamos haciendo en este libro que estás leyendo!

Miles de personas (muchísimas y muchísimas) estaban escuchando a Pedro ese día e hicieron lo que él dijo. Se apartaron de su vieja manera de hacer las cosas y se volvieron a Dios, confiando en que Jesús perdonaría sus pecados. Se bautizaron y fueron llenas del Espíritu Santo. Después, empezaron a contarles esto a otros, que se lo contaron a otros y esos también les contaron a otros. Todos compartían lo que Jesús había enseñado, y los discípulos escribieron muchas de estas cosas, que es lo que hoy tenemos en la Biblia que nos enseña.

—Tomado de Hechos 1–2

Preguntas

* ¿A quién dijo Jesús que enviaría como el Ayudador?

* ¿Qué pasó cuando vino el Espíritu Santo?

* ¿Qué le dijo Pedro que debía hacer a la multitud de personas que se acercó?

* ¿Cómo crees que se sintieron los discípulos cuando vieron que toda esta gente decidía seguir a Jesús y bautizarse?

La promesa de salvar a un asesino

El pueblo de Dios, los seguidores de Jesús, se estaban extendiendo por todo el mundo.

Hablaban sobre cómo Dios había cumplido Su promesa. Había enviado a Aquel que le aplastó la cabeza a la serpiente y abrió un camino para que las personas pudieran recibir perdón de sus pecados y ser llenas del Espíritu Santo. Muchas, muchas personas estaban creyendo en Jesús y lo seguían.

Esto hizo que muchos se pusieran muy contentos. Pero a algunos, no les gustó para nada. ¿Recuerdas a esos sacerdotes que querían que crucificaran a Jesús? Bueno, muchos de ellos y muchas de las personas a las que habían enseñado tenían el corazón muy duro y no querían a los seguidores de Jesús. Es más, su corazón estaba tan endurecido que algunos incluso mataban a los que seguían a Jesús.

Uno de esos hombres enojados se llamaba Saulo. Había estado en la crucifixión de Jesús y tenía el corazón más duro que puedas imaginarte contra Jesús y Sus seguidores. Saulo viajaba por todas partes buscando a los que seguían a Jesús para poder *perseguirlos,* una palabra de grandes que significa que los lastimaba y hasta los mataba. Saulo había lastimado a tanta gente que todos le tenían miedo, porque si se enteraba que seguías a Jesús, podía matarte.

Bueno, Dios tiene todo el poder del mundo y puede hacer cualquier cosa. Así que podría haber matado a Saulo. Podría haber hecho que su corazón deje de funcionar mientras dormía. Podría haber hecho que una manada de caballos lo atropellara. Pero Dios tenía otros planes para Saulo. Sus planes eran mostrar lo poderoso que es al tomar al hombre con el corazón más duro de todos y cambiarlo para que fuera el corazón más tierno de todos, que amara muchísimo a Jesús. Este hombre que había ido por ahí matando gente que seguía a Jesús estaba por transformarse en un seguidor del Señor. Sin embargo, no lo sabía.

Saulo y sus ayudantes estaban viajando a otra ciudad, para buscar a algunos seguidores de Jesús y matarlos. De repente, apareció una luz brillante, y se

escuchó una voz fuerte que decía: «¡Saulo, Saulo! ¿Por qué me persigues?». De inmediato, Saulo cayó al suelo y dijo: «¿Quién eres?». La voz respondió: «Yo soy Jesús, ¡a quien tú persigues!». Oh-oh. Ahora, Saulo sabía la verdad. Jesús realmente era el Hijo de Dios, y Saulo había andado por ahí lastimando a Sus seguidores. Sin embargo, antes de que pudiera preocuparse demasiado, Jesús le dijo que se levantara y fuera a la ciudad, donde le dirían qué tenía que hacer.

Cuando Saulo se levantó para obedecer, no podía ver nada. ¡Estaba ciego! Sus ayudantes tuvieron que llevarlo hasta la ciudad, donde durante tres días, Saulo no pudo ver nada, y tampoco comió ni bebió nada. La Biblia no lo dice, pero lo más probable es que no comiera ni bebiera por lo triste y enojado que estaba por las cosas horribles que les había hecho a los seguidores de Jesús. Saulo había hecho todas esas cosas porque realmente creía que Jesús no era el Prometido, pero

ahora sabía la verdad. Su corazón duro se estaba ablandando, y a medida que se ablandaba, él se ponía muy triste.

Mientras Saulo estaba ciego y no comía ni bebía nada, Dios estaba preparando a alguien para ayudarlo. Le habló a un hombre llamado Ananías y le dijo dónde podía encontrar a Saulo, que estaba orando. Dios quería que Ananías orara por Saulo para devolverle la vista y después lo ayudara a empezar a seguir a Jesús. Al principio, Ananías se sintió asustado. Sabía que Saulo había estado matando a los seguidores de Jesús, pero Dios le dijo que tenía grandes planes para Saulo, y que él les hablaría a personas de todo el mundo sobre Jesús.

Entonces, Ananías obedeció y encontró a Saulo. Cuando Ananías hizo lo que Dios le había mandado, Saulo recuperó la vista. Ananías lo bautizó y Saulo empezó a comer y a recuperar sus fuerzas.

Dios cumplió la promesa que le había hecho a Ananías sobre cómo usaría a Saulo. Más adelante, Dios le cambió el nombre a Saulo y le puso Pablo, pero fue este mismo hombre el que recorrió todo el mundo hablándoles a las personas sobre Jesús. Lo metieron en la cárcel por hablar sobre Jesús. Lo golpearon por hablar sobre Jesús. Pero también fue muy fiel y tuvo un corazón tierno para Dios, y amó a Jesús todos los días durante el resto de su vida, y lo sirvió incluso cuando era muy difícil.

—Tomado de Hechos 9

Preguntas

* ¿Qué había estado haciendo Saulo al principio de la historia?

* ¿Qué le sucedió a Saulo mientras estaba en el camino?

* ¿Qué le pidió Dios a Ananías?

* ¿Qué habrías sentido si fueras Ananías y Dios te pidiera que fueras a ver a Saulo?

El tiempo perfecto prometido por Dios

Más y más personas se transformaron en seguidoras de Jesús, y empezaron a juntarse en las primeras iglesias y a hacer muchas de las cosas que seguimos haciendo hoy en la iglesia. Cantaban canciones para alabar a Dios y escuchaban todo lo que Jesús había enseñado mientras estaba en la tierra. Todavía no tenían una Biblia, así que a menudo escuchaban a alguien que había escuchado a Jesús enseñar. Pablo viajó a muchas ciudades nuevas para hablar a las personas sobre Jesús y plantar nuevas iglesias. Cuando abría una nueva iglesia, se quedaba en el lugar todo lo que podía para enseñarle a la gente. Una de esas primeras iglesias que abrió estaba en una ciudad llamada Tesalónica. Cuando llegaba el momento de que Pablo se fuera a la siguiente ciudad, los dejaba al cuidado de otro maestro. Pero con el tiempo, algunos maestros nuevos llegaron y empezaron a enseñarle a la iglesia cosas que no eran ciertas y que eran distintas de lo que Jesús había enseñado.

250

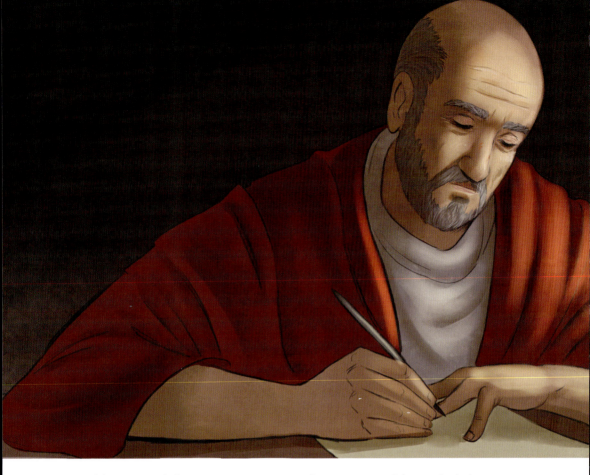

Pablo se enteró de esto y se puso muy triste, porque sabía que la única manera de seguir a Jesús es conocer la verdad. Como no podía volver a visitar a la gente que estaba en Tesalónica, les escribió una carta. Escribió dos cartas que hoy en día son parte de nuestra Biblia. Estas cartas nos enseñan hoy tal como le enseñaban a la iglesia de Tesalónica hace mucho, mucho tiempo.

En algunas cosas, los habitantes de Tesalónica estaban muy bien. Amaban a Jesús y tenían un corazón tierno para Él. Pero habían permitido que malos maestros se acercaran y les enseñaran cosas que Pablo ya les había dicho que no eran verdad.

Una de las cosas más importantes que enseñaban estos malos maestros era que Jesús ya había vuelto a la tierra. Bueno, era verdad que Jesús había prometido que, un día, regresaría y establecería Su reino sobre la tierra. Pero Jesús dijo que solo el Padre sabía cuándo sería ese día, y Pablo sabía que todavía no había llegado.

Pablo les escribió a estos seguidores de Jesús y les recordó que solo Dios sabe el día en que Jesús regresará. Y cuando lo haga, todos lo sabrán, y nos quedará bien claro. Pablo les aseguró que Jesús todavía no había regresado y los animó a seguir haciendo lo que el Señor les había indicado.

¡Nosotros también estamos esperando que Jesús vuelva! Mientras esperamos, tenemos que hacer la obra que Dios nos dio para hacer. Para los que seguimos a Jesús, parte de esa obra es hablarles a otros sobre Él. Los adultos también tienen un trabajo para ocuparse de sus necesidades y de sus familias. En el caso de los niños como tú, tu trabajo es aprender y obedecer a tus padres. Pablo les recordó a los que vivían en Tesalónica que estos trabajos deben hacerse mientras cumplimos con nuestra tarea de hablar a los demás de Jesús. Y hoy también necesitamos recordar esto.

Pablo animó a los seguidores de Jesús en Tesalónica. Les recordó una y otra vez cuánto se interesaba en ellos y cuánta esperanza tenían en Jesús. Además, los desafió a ser muy fuertes, a defender todo lo que él les había enseñado sobre Jesús y a no escuchar nada más.

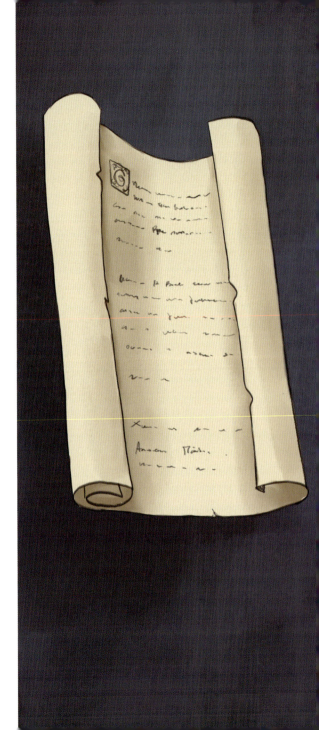

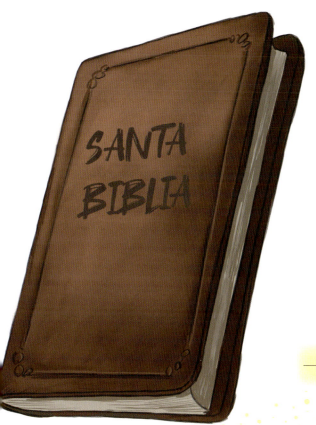

Pablo escribió estas cartas a la iglesia de Tesalónica hace miles de años. Pero Dios las puso en la Biblia porque también son promesas para nosotros hoy, y lo han sido para los seguidores de Jesús desde el principio. Debemos esperar el regreso de Jesús y no preocuparnos por cuándo será, porque Dios sabe cuál es el momento perfecto. Nosotros debemos escuchar solo a maestros que enseñen todo lo que Jesús enseñó. ¡Y deberíamos animarnos unos a otros a esforzarnos por hablarles a otros de Jesús, tal como lo hizo Pablo!

—Tomado de 1 y 2 Tesalonicenses

Preguntas

* ¿Pablo empezó una iglesia o muchas?

* ¿En qué se parecían estas iglesias a las que tenemos hoy?

* ¿Qué creía la iglesia de Tesalónica que estaba equivocado?

* ¿Qué animó Pablo a que hicieran los de la iglesia en Tesalónica, que también podemos y debemos hacer hoy?

Regalos prometidos para todos

Pablo también empezó una iglesia en una ciudad llamada Corinto. Esta iglesia tuvo muchos problemas después de que Pablo se fue, y una vez más, él tuvo que escribir dos cartas para ayudar a estas personas, que se llamaban los corintios.

Pablo les dijo a los corintios dos cosas importantes que pueden ayudarnos hoy. Primero, les dijo qué es el amor y qué no es, para mostrarnos cómo sería un corazón tierno y recordarnos cómo es Jesús. Pablo dijo que el amor es paciente, lo cual significa que si amas a alguien, no te enojas rápidamente. Dijo que el amor no es fanfarrón ni actúa como si fuera mejor que las demás personas. Si actuamos así, nuestro corazón no es tierno ni amoroso. No mostramos amor para que Dios se agrade de nosotros. Mostramos amor porque amamos a Dios y queremos ser como Jesús, ¡y Él amó a las personas más que nadie en el mundo!

Pablo dijo que el amor no lleva un registro de lo que los demás hacen mal. Así que, si te enojas por algo, no muestras amor si vuelves a mencionárselo a la persona que te hizo daño después de que te pidió perdón. Eso significa que Jesús no lleva un registro de nuestros pecados cuando ya le pedimos perdón, ¡y eso es maravilloso! Imagina si Jesús tuviera una lista de cada pecado que cometiste en tu vida y llevara la cuenta, y cuando oraras, lo único que te dijera es todo el mal que le hiciste con cada uno de esos pecados. No parece algo que haría Jesús, ¿no? Cuando lo seguimos, intentamos amar como Él ama, lo cual significa que no llevamos la cuenta de todo lo que hacen las personas para enojarnos.

257

Otra cosa importante que enseñó Pablo a los corintios es una promesa de Dios. Pablo explicó que Dios promete dar regalos especiales a cada persona que sigue a Jesús. Bueno, pero no es la clase de regalos que recibes en tu cumpleaños. Estos son regalos espirituales que están en tu interior. Son cosas especiales que puedes hacer para servir a la iglesia, como ser un buen cantante o maestro, alguien a quien le encanta orar, o alguien que sirve con alegría a otras personas. Los regalos de Dios podrían ser muchas cosas.

Los corintios decían que algunos de esos regalos o dones eran mejores que otros, y se peleaban por cuál era el mejor. Pablo les dijo que dejaran de pelear, porque todos los dones espirituales son iguales para Dios, y todos funcionan juntos para formar una sola iglesia. La iglesia está formada por mujeres, hombres y niños y niñas que tienen distintos dones y personalidades. Cada uno es importante para Dios y parte de lo que hace que toda la iglesia funcione. Se parece a un rompecabezas gigante, y cada seguidor de Jesús es una pieza. Sin tu pieza, no estaría completo, ¡y ninguna pieza es más importante que las otras!

—Tomado de 1 y 2 Corintios

Preguntas

* ✱ **¿Podrías mencionar una cosa que Pablo dijo que el amor sí es?**
* ✱ **¿Podrías mencionar una cosa que Pablo dijo que el amor no es?**
* ✱ **¿Qué es un don espiritual?**
* ✱ **¿Acaso un don espiritual es mejor que otro?**

259

La promesa de la libertad

Cuando Pablo escribía cartas a las iglesias, casi siempre era amable y gentil, y les decía qué estaban haciendo mal o cómo podían vivir para Dios. Pero había una iglesia que hizo que Pablo se sintiera tan confundido y asombrado por la manera ridícula en que se estaba comportando esta gente, que tuvo que hablarle con mucha firmeza para corregirla. Esta iglesia se encontraba en una ciudad llamada Galacia.

Lo que sucedía era lo siguiente. Pablo había ido a Galacia y les había enseñado a las personas allí durante un tiempo. Les había enseñado cómo el pecado nos había separado de Dios y había endurecido nuestros corazones hacia Él. Eso significaba que hacía falta un sacrificio para que pudiéramos reconectarnos con Dios y tener un corazón como el de Él. Pablo les enseñó a los gálatas que sin importar cuántas cosas buenas hagamos, nunca alcanzarían para compensar el pecado que está en nosotros. Tendríamos que ser perfectos, y es imposible ser perfecto, debido a cómo el pecado de Adán y Eva cambió su corazón y el nuestro para siempre.
Pero esto no tenía por qué ser para siempre.

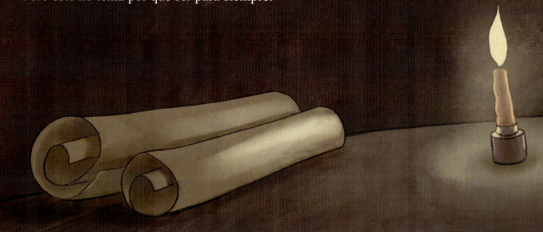

Pablo les dijo a los gálatas que Jesús era Dios y había venido a la tierra a estar con nosotros y a arreglar este problema del pecado. Lo hizo al vivir una vida perfecta y no pecar jamás. Jesús obedeció siempre a Su Padre, a tal punto, que permitió que lo mataran en una cruz, aunque Él no había hecho nada malo.

Pablo les había explicado a los gálatas que esto era muy importante. Como Jesús nunca había hecho nada malo cuando lo pusieron en la cruz, Dios pudo poner todos los pecados nuestros sobre Jesús. Sin embargo, no se detuvo allí. En todos los que confían en Jesús, Dios pone la perfección de Su Hijo. Eso significa que en el caso de cualquiera que confía en Jesús, Dios no ve su pecado, ¡ve la perfección de Jesús! Él cargó con el pecado, y los que lo siguen obtienen Su perfección, lo cual significa que nuestros corazones vuelven a ser tiernos. Y como Jesús no se quedó muerto, sino que volvió a vivir, si creemos en Él, un día volveremos a vivir como Él y podremos estar con Dios para siempre después de nuestra vida en esta tierra.

Pablo les explicó todo esto a los gálatas. Lo único que tenían que hacer para recibir el perdón de sus pecados y la perfección de Jesús era creer que Jesús es el Hijo de Dios, el que murió en la cruz para pagar por nuestros pecados pero volvió a vivir para mostrarnos que era Dios y que había vencido a la muerte. Bueno, parece todo muy claro, ¿no?

Los gálatas le creyeron a Pablo y siguieron así durante un tiempo. Pero después, empezaron a escuchar las voces equivocadas (¡como había hecho Eva!). Empezaron a creer que necesitaban hacer todo lo que Pablo les había dicho ADEMÁS de otras cosas antes de que Dios pudiera perdonar sus pecados. Se inventaron un montón de reglas; algunas eran de mucho antes de que Jesús viniera, y hacían que pareciera que Jesús nunca había venido o que no había hecho suficiente. Esto hizo que Pablo se sintiera frustrado con los gálatas, porque quería que creyeran la verdad.

Así que les escribió una carta. Les recordó que Jesús les había dado libertad. Si agregaban muchas reglas nuevas e inventadas, ¡vivirían como prisioneros, aunque Jesús quería que fueran libres!

—*Tomado de Gálatas*

Preguntas

* **¿Cómo se sentía Pablo con respecto a la iglesia de Galacia?**

* **¿Cuál les enseñó Pablo que era el camino para que sus pecados fueran perdonados?**

* **¿Es diferente de la manera en que nuestros pecados son perdonados ahora?**

* **¿Le has dicho a Jesús que crees en Él y le has pedido que sea el único que perdone tus pecados?**

La promesa y la providencia del amor

La carta más larga de Pablo fue para la iglesia de Roma. Además, fue la única carta que le escribió a una iglesia que nunca había visitado. No les escribió porque estuvieran haciendo algo malo. Tan solo quería animarlos con la verdad y ayudarlos a permanecer fieles a Jesús.

Pablo les dijo a los romanos que Dios había cumplido la promesa que hizo en el jardín, la promesa de enviar a Alguien que vencería la muerte: ¡Jesús! Pablo les dijo, como también les había dicho a los gálatas, que confiar en Jesús es la única manera de ser salvos de nuestros pecados y de que nuestro corazón se vuelva a conectar con Dios.

Dijo que no importaba si todo el mundo estaba en nuestra contra, siempre y cuando Dios estuviera con nosotros; así de importante es seguir a Jesús.

Al principio, Pablo escribió que los romanos tenían que creer en Jesús y confiar solo en Él para ser salvos. Pero después, empezó a escribir sobre lo que es cierto para aquellos que son seguidores de Jesús y sobre cómo es el amor de Dios para los que aman a Jesús y lo siguen.

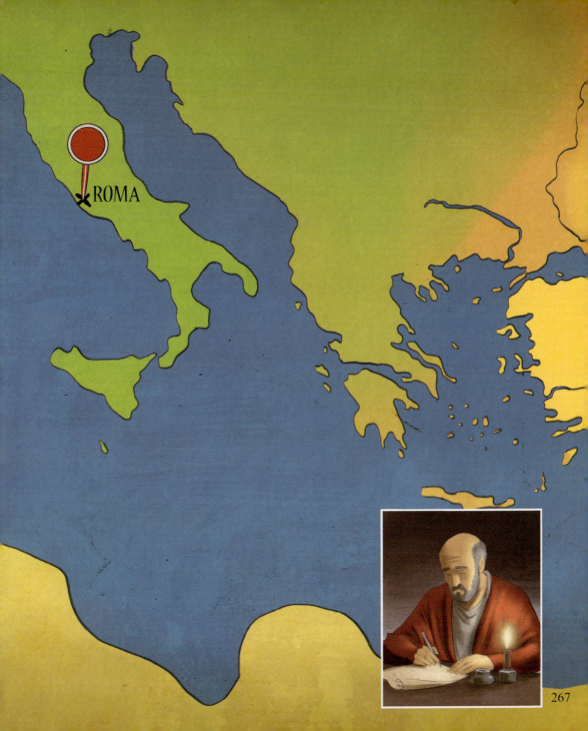

ROMA

267

Pablo dijo que nada puede separar del amor de Dios a las personas que siguen a Jesús. Esa es una promesa grande y maravillosa que nos hizo Dios. Significa que si eres un seguidor de Jesús, es imposible que hagas algo por lo que Dios te ame menos. Y significa que si eres un seguidor de Jesús, nadie puede hacerte algo por lo que Dios te ame menos.

Pero esa no fue la única promesa de Dios en la carta de Pablo a los Romanos. Pablo también les dijo que sin importar lo que le suceda a un seguidor de Jesús, Dios siempre hará que eso funcione para bien. Esto significa que, incluso cuando todo parezca horrible, no seguirá siendo horrible si amas a Jesús y lo sigues, porque Dios tiene un plan para mostrarles a todos lo bueno que es Él y cuánto se interesa por nosotros.

¿Recuerdas lo que aprendimos sobre José? José vivió mucho antes que Jesús, pero tenía un corazón que amaba a Dios, y creía que Dios enviaría a Alguien que los salvaría algún día. Bueno, ¿recuerdas que sus hermanos lo vendieron como esclavo? Eso fue algo muy malo que le pasó a José, pero él no fue un esclavo para siempre. No; terminó siendo uno de los ayudantes del rey y logró que Egipto pudiera guardar comida para todos, incluso para la familia de José.

José tuvo que esperar muchos, muchos años para volver a ver a sus hermanos y a su padre. Esos largos años podrían haber parecido nada más que algo horrible, porque extrañaba mucho a su familia. Pero la Biblia dice que cuando José vio a sus hermanos, los perdonó y les dijo que Dios siempre había planeado que las cosas sucedieran así.

La historia de José se parece mucho a lo que Pablo quería decirles a los romanos. Y estas historias no les suceden solamente a las personas en la Biblia; les pasan a personas como nosotros todo el tiempo. A veces, las cosas pueden parecer imposibles, y la vida puede ser muy triste y difícil; pero si amamos a Jesús y lo seguimos, un día, Él hará que todo ese dolor y esa tristeza desaparezcan, y que todo vuelva a tener sentido. Tal como Dios prometió, ¡nos ama tanto que nada puede separarnos de Su amor!

—*Tomado de Romanos*

Preguntas

* ¿Pablo había visitado ya la iglesia en Roma?

* En su carta, Pablo les habló a los romanos de dos grandes promesas de Dios. ¿Recuerdas la que se trataba sobre el amor?

* ¿Recuerdas la promesa que se trataba de las cosas que nos suceden?

* ¿Qué te ha sucedido que sea triste o que te haya molestado y que quisieras que Dios pudiera arreglar o mejorar?

Elegidos con la promesa de una armadura espiritual

Pablo también escribió una carta a la iglesia de la ciudad de Éfeso. Las personas allí estaban haciendo lo que se les había enseñado, así que Pablo quería animarlas. Esta carta es un buen ejemplo de escribirle a alguien solo para decir: «Buen trabajo», y no esperar hasta que se equivoque en algo. ¡Lo que es increíble es que Pablo les escribió a los efesios para animarlos y recordarles las promesas de Dios mientras estaba en la cárcel! Lo habían encarcelado por predicar sobre Jesús.

Pablo les recordó a los efesios dos de las principales promesas de Dios para aquellos que siguen a Jesús. Primero, ¡Dios los había elegido para seguir a Jesús desde antes de que el mundo se hiciera! Así es, desde antes de que Dios hiciera la luz y la oscuridad, Él eligió a cada uno que seguiría a Jesús. Ahora bien, no los eligió porque tuvieran algo de especial, porque comparados con Jesús, todos son pecadores que no pueden hacer nada bueno sin Dios. En cambio, Dios los eligió porque sabía qué dejaría más en claro que Él es el único Dios, el único bueno y poderoso y digno de recibir alabanzas. Pablo explicó que, como Dios había elegido a los seguidores de Jesús hace mucho tiempo, promete que un día, cada uno de ellos estará con Jesús cuando Él sea el Rey para siempre.

Segundo, Pablo sabía que vivir en este mundo es difícil, porque todavía tenemos un corazón que se endurece y peca. Los seguidores de Jesús siempre pueden pedirle que los perdone y recibir ese perdón, pero tenemos que hacer más que intentar luchar contra el pecado. Debemos decirle que no al enemigo y decirle que sí a Dios. ¡Pablo dijo que es como estar en una guerra! Así de serio es. No es una guerra contra las personas. Es una guerra contra Satanás y las cosas malas de este mundo que quieren que desobedezcamos a Dios. Bueno, ¡todos sabemos que los soldados no van a la guerra vestidos con ropa normal o sin armas! Van a la guerra usando una armadura, y Pablo dijo que Dios prometió darles a los que siguen a Jesús la armadura que necesitan para vencer el pecado.

Dios promete que, si usamos esta armadura, podremos hacerle frente a Satanás y ser obedientes a Dios. La primera parte de la armadura es el cinturón de la verdad, lo cual significa que debemos estar rodeados y sostenidos por lo que Dios dijo. Este fue el primer error de Adán y Eva en el jardín: no escucharon ni obedecieron lo que Dios había dicho que era verdad. El cinturón de la verdad nos mantiene rodeados y sostenidos por la verdad.

La segunda pieza de la armadura es la coraza de la justicia. Justicia significa que tomemos decisiones sabias que muestren un corazón tierno como el de Dios. La coraza cubre el corazón y lo protege mientras tomamos estas decisiones. La tercera pieza de la armadura es el calzado para nuestros pies, zapatos que usamos mientras vamos a comunicar la buena noticia de Jesús y la paz que Él trae. La próxima pieza de armadura que necesitamos es el escudo de la fe, que nos ayuda a recordar lo que Jesús hizo y a creer en Su poder para vencer a nuestros enemigos.

Después, debemos colocarnos el casco de la salvación, que protege nuestra mente de creer mentiras sobre Jesús y nuestra salvación. Por último, se nos dice que sostengamos la espada del Espíritu, que es la Biblia. Al conocer las palabras de Dios (eso mismo es la Biblia), podemos vencer a nuestros enemigos con Sus palabras.

Pablo dijo que con esta armadura espiritual, podremos vencer al enemigo y permanecer firmes, sin importar lo que suceda. Dios promete darle esta armadura a todos los que siguen a Jesús, ¡para que podamos estar preparados para ser siempre fieles a Él!

—Tomado de Efesios

Preguntas

* **¿Cuándo eligió Dios a todos los que seguirían a Jesús?**

* **¿Por qué eligió Dios a todos los que siguen a Jesús?**

* **¿Puedes nombrar cada una de las piezas de la armadura espiritual que Dios promete darles a todos los que siguen a Jesús?**

* **¿Cuál te parece la más importante?**

Dios completará toda la obra que empieza.

La promesa completa

Pablo seguía en la cárcel cuando le escribió a una iglesia formada por algunos de sus mejores amigos y ayudantes. La iglesia de la ciudad de Filipos había sido la primera en amar y apoyar realmente a Pablo mientras él viajaba hablándoles a todos de Jesús y abriendo nuevas iglesias. Sabía que estas personas (los filipenses) se habían enterado de que estaba en la cárcel y estaban preocupados por él, así que escribió una carta para animarlos y recordarles la verdad de Dios.

La carta a los filipenses contiene una de las promesas más grandes y llenas de esperanza de parte de Dios en toda la Biblia: Dios terminará todas las cosas buenas que empezó a hacer con Su pueblo. Como esto está en la Biblia, significa que es una promesa para todos los que siguen a Jesús. Podemos confiar en que, cuando Dios empieza a hacer algo, siempre lo terminará. Nunca nos dejará ni se olvidará de nosotros. Es imposible que estemos tan lejos que Él no pueda encontrarnos, o que hagamos tanto silencio que no pueda escucharnos. Y para los que siguen a Jesús, incluso si pecamos e intentamos alejarnos de Dios, Él siempre vendrá a buscarnos y nos guiará de regreso a Él. Dios tiene un plan para la vida de cada uno, y cuando alguien sigue a Jesús, obtiene la promesa de que Dios siempre terminará ese plan.

Esta es una excelente noticia, porque muchas veces en la vida, estamos tristes por cosas que no terminan como esperábamos. Tal vez estábamos emocionados por ir a una fiesta de cumpleaños pero después nos enfermamos y no podemos ir. O quizás esperamos tener un hermanito bebé, pero Dios nunca nos da uno. Bueno, aun si pasan estas cosas desilusionantes en nuestra vida, si somos seguidores de Jesús, sabemos que Dios tiene un plan para cada día de nuestra vida, y ese plan siempre se cumplirá. Él nunca se olvidará de nosotros ni se dará por vencido.

Sin embargo, esta no fue la única promesa de Dios que Pablo les comunicó a los filipenses. También les escribió muchas otras cosas que los llenaron de esperanza, y es importante que nosotros las recordemos. Les dijo que recordaran que, como seguidores de Jesús, necesitaban tener un corazón como el de Él. Jesús es Dios, y como es Dios, podría haberles mandado a los ángeles que vinieran y lo bajaran de la cruz. Podría haber destruido a los hombres que lo crucificaron. Pero eso no fue lo que hizo. En cambio, pensó en nosotros. Consideró que los demás eran más importantes que Él, ¡aunque nadie puede ser más importante que Jesús!

Pablo les dijo a los filipenses que así debemos tratarnos unos a otros. En vez de pensar en lo que ellos querían y en lo que era mejor para ellos, tenían que pensar en lo que los demás querían. No tenían que hacer pucheros ni quejarse… porque, sin duda, Jesús no hacía pucheros ni se quejaba.

Pablo dijo que llegará el día en que Jesús regrese y todos los que hayan vivido se inclinarán ante Él y reconocerán que es Dios. Todos, incluso los que lo crucificaron, sabrán que realmente era el que dijo que era, ¡y sabrán que Jesús reinará sobre el nuevo mundo que creará!

—*Tomado de Filipenses*

Preguntas

* ¿Dónde estaba Pablo cuando les escribió a los filipenses?

* ¿Qué prometió Pablo que hará Dios cuando empieza algo en Su pueblo?

* ¿Qué les dijo Pablo sobre la manera en que actuó Jesús cuando lo crucificaron?

* ¿Cómo deseaba Pablo que se trataran los filipenses?

La promesa de vida nueva

Pablo escribió a otra iglesia que tenía problemas con las malas enseñanzas. Tuvo que recordarles la verdad sobre Dios y cómo debían seguirlo. Esta iglesia se encontraba en una ciudad llamada Colosas.

Los que vivían ahí se llamaban colosenses, y Pablo les recordó una promesa muy importante para todos los que siguen a Jesús. Él es más importante que todos los demás en el universo, y todo se mantiene unido gracias a Él. Solo lo adoraremos a Él para siempre, porque es el Prometido.

Pablo les recordó a los colosenses que, como habían decidido seguir a Jesús, tenían que caminar con Él. Si caminas con alguien, eso significa que vas en la misma dirección y terminas en el mismo lugar que esa persona. Así que, si caminamos con Jesús, terminaremos donde Jesús quiere que estemos y haremos lo que Él quiere que hagamos. A medida que caminemos más y más con Él, nos volveremos cada vez más parecidos a Él. Cuando los bebés están aprendiendo a caminar, se caen muchas veces, pero lo intentan una y otra vez y terminan caminando sin caerse. Lo mismo sucede con los que siguen a Jesús. A medida que caminamos con Él y aprendemos más de Él, nos vamos haciendo más fuertes.

281

Pablo también les comunicó otra promesa maravillosa de parte de Dios. ¿Recuerdas que Jesús no se quedó muerto? Estaba muerto, pero después volvió a vivir. Bueno, cuando volvió a vivir, no se quedó en la tierra. Fue al cielo a estar con Su Padre. Sin embargo, Jesús siguió estando vivo y está vivo hoy. Pablo les dijo a los colosenses que todos los que estábamos atascados como personas muertas en nuestros pecados y sin poder hacer nada más que pecar, cuando creímos en Jesús y lo seguimos, Dios hizo un cambio enorme en nosotros. En vez de estar muertos y sin poder vivir, Él nos permitió parecernos a Jesús. Eso significa que, incluso cuando muramos en esta tierra, Dios promete que seguiremos vivos como Jesús, ¡lo cual significa que un día iremos a vivir con Dios, igual que Jesús!

Pablo esperaba que todo este ánimo les recordara a los colosenses que amaran y adoraran más a Jesús. ¡Y nosotros podemos hacer lo mismo! Si seguimos a Jesús y caminamos con Él, que nos recuerden las promesas de Dios nos hará querer adorarlo más y caminar más cerca de Él.

Dios nos hace promesas para que podamos amarlo, escucharlo y obedecerlo, y lo obedecemos al seguir a Jesús. Entonces, Dios perdona todos nuestros pecados y nos permite que estemos juntos con Jesús y vivamos para siempre. ¡Esto debería llevarnos a amar muchísimo a Jesús! Si Él no hubiera muerto en la cruz por los pecados de todos los que creen en Él, nada de esto sería posible. Estaríamos atrapados en nuestros pecados. Pero no lo estamos. Tenemos esperanza. ¡Y Pablo les dijo a los colosenses que esa esperanza es Jesús!

—*TOMADO DE COLOSENSES*

Preguntas

* ¿Por qué Pablo estaba escribiendo a la iglesia en Colosas?

* ¿Cuál fue la promesa que le hizo Dios a la iglesia en Colosas sobre lo que les sucede a los seguidores de Jesús después de morir?

* ¿Qué sucede si caminamos junto a alguien? ¿Qué sucede si caminamos junto a Jesús?

* ¿Por qué Dios nos da estas promesas?

La promesa para las naciones

Hasta ahora, todo lo que leímos de la Biblia tiene que ver con cosas que ya pasaron. Pero ahora veremos algunas historias sobre algunas cosas que todavía no sucedieron. Es como cuando los profetas hablaban hace mucho tiempo sobre Jesús, antes de que Él viniera. Solo que esta vez, Dios le dijo a uno de los discípulos, Juan, un montón de cosas sobre lo que Dios haría un día en el futuro. Dios le dijo a Juan que las anotara, para que pudieran estar en la Biblia. Esto está en el último libro de la Biblia, Apocalipsis, y vamos a ver tres historias sobre tres promesas distintas de ese libro. Todas hablan de cosas que todavía no pasaron pero que sucederán algún día.

Para entender la primera promesa de la cual vamos a hablar, necesitamos acordarnos de algo que pasó muuuuuuuuuuuy al principio, cuando aprendimos sobre la promesa que Dios le hizo a Abraham. ¿Recuerdas que Dios le prometió a Abraham que un día haría que un gran grupo de personas fuera el pueblo de Dios, y que todos vendrían de la familia de Abraham? Bueno, Jesús provenía de la familia de Abraham. Y con Jesús, Dios hizo que todas las personas de todo el mundo pudieran transformarse en sus seguidores.

Es más, Dios le dio a Juan una imagen en su mente de cómo sería el cielo algún día. Y cuando lo hizo, se aseguró de que Juan supiera que no era una idea de él o algo que estaba imaginando; era una promesa. Se cumplirá. En esta imagen, Juan vio más personas de las que cualquiera podría contar. Estas personas no eran todas parecidas. Toda la gente tenía distintos tonos de piel. Distinto color de cabello. Distinto color de ojos. Distintas alturas. Distintas formas. Hablaban idiomas diferentes. Venían de muchos países.

Pero no todo era distinto entre ellos. Algunas cosas eran iguales.

Todos usaban túnicas blancas.

Tenían hojas de palmas en sus manos.

Y lo más importante, todos estaban parados alrededor del trono donde Jesús estaba sentado, y gritaban: «¡La salvación viene de nuestro Dios que está sentado en el trono!».

Estas personas estaban en el cielo, vivas con Cristo, tal como Dios les había prometido a los colosenses. Todos gritaban que habían sido salvos de sus pecados gracias a Jesús, el cual es Dios y estaba sentado en el trono. ¡Eso contiene muchas de las promesas que aprendimos juntos, todas en una!

Pero esta imagen del cielo también tiene una nueva promesa. Cuando todos los que seguimos a Jesús nos juntemos a adorarlo en el cielo, podremos hacerlo con personas de todo el mundo que también aman a Jesús y saben que es el único camino para recibir el perdón de pecados. Dios nos promete que salvará a personas de todo el mundo, no solo de donde nosotros vivimos, ¡y no solo a personas que se parezcan a nosotros!

—Tomado de Apocalipsis 7

Preguntas

* ¿Qué mensaje le dio Dios a Juan para que escribiera?

* ¿Ya sucedieron estas cosas, o todavía tienen que pasar?

* ¿Qué le prometió Dios a Abraham que haría por él?

* ¿Qué fue lo que vio Juan, que Dios le dijo que era una promesa de lo que vendría?

La promesa de hacer nuevas todas las cosas

Dios siguió mostrándole a Juan una imagen de lo que Dios haría en el futuro. Le mostró cómo Satanás sería completamente destruido, tal como Dios había prometido en el jardín. Le mostró cómo Jesús llegaría en un caballo blanco, cabalgando victorioso. Y le mostró una nueva imagen de algo increíble… una promesa maravillosa para que disfrutemos.

Le enseñó a Juan un cielo nuevo, una tierra nueva, una nueva Jerusalén (que es donde había estado el templo de Dios), y un río de vida. Estos no eran como el cielo y la tierra y la Jerusalén ni los ríos que tenemos hoy. Los que tenemos hoy son como son debido al pecado y a todo lo que se rompió. Las flores se mueren. La gente está triste. Los ríos se secan. Los huesos se rompen. Las personas se mueren. Toda clase de cosas malas suceden y nos hacen sentir tristes o enojados. Y lo peor de todo, pecamos en esta tierra.

Pero todas esas cosas que son parte de este mundo se terminarán cuando Dios envíe la nueva creación. El mundo nuevo será perfecto. Nada morirá jamás, y nadie llorará. Dios le mostró a Juan que este mundo no solo será perfecto, ¡sino que Dios también vivirá ahí con nosotros! Estaremos con Él tal como Adán y Eva estaban con Él en el jardín antes de pecar.

Después, Dios hizo que un ángel llevara a Juan a una montaña alta y le mostrara una imagen de la nueva Jerusalén, un lugar perfecto y hermoso para adorar a Dios. Sus paredes estarán hechas de joyas brillantes, y las calles serán de oro puro. No hará falta un sol ni una luna, porque la presencia de Dios iluminará todo el lugar. Cierra los ojos un momento e imagina cómo será esto.

Sin embargo, había más para ver. El ángel le mostró a Juan el río de la vida, que era brillante como el cristal y fluía por toda la ciudad hasta el árbol de la vida. Todo el año, este árbol especial se llenaba de doce clases distintas de fruto.

Dios permitió que Juan viera estas cosas impresionantes. Estamos acostumbrados a las partes de nuestro mundo que son feas y están rotas por el pecado, pero casi todo lo que hay en el mundo es distinto de lo que veremos en la tierra nueva. Allí, no habrá más pecado. Todos los que siguieron a Jesús estarán ahí, con un corazón perfectamente conectado con el de Él. Lo amaremos, lo escucharemos y le obedeceremos siempre.

Dios podría habernos dejado en esta tierra para siempre, pero nos ama y tiene un plan y promesas. Él ya sabía que desobedeceríamos en el jardín. Sabía que Jesús tendría que salvarnos del pecado. Sabía que nos costaría obedecerle mientras estemos en esta tierra. ¡Así que Dios siempre planeó mostrarle a la creación lo maravilloso que es al crear el cielo nuevo, la tierra nueva, la nueva Jerusalén y el río de vida para todos los seguidores de Jesús!

—*Tomado de Apocalipsis 21–22*

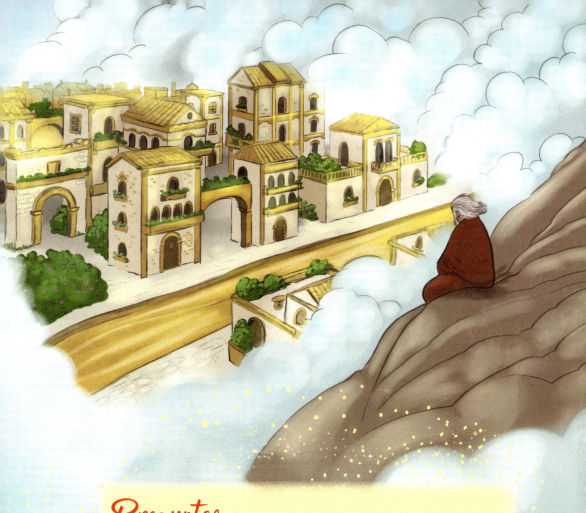

Preguntas

* ¿Qué le hizo Dios a Satanás?

* ¿Qué le mostró Dios a Juan que venía desde arriba?

* ¿Cuáles son algunas cosas que ya no habrá más en la tierra nueva?

* ¿Con quién vivirán los seguidores de Jesús en la tierra nueva?

El regreso y el reino prometidos

Dios le mostró a Juan una imagen final de lo que sucedería algún día. Esta es la imagen más increíble de todas. Era una imagen de Jesús en el trono, y todos lo adoraban. Pero no solo eso; estaba reinando. Era el Rey que siempre tuvo que ser. Todos los que estaban en la tierra nueva amaban y adoraban a Jesús, así que Dios le mostró a Juan que, un día, su pueblo volverá a reinar junto a Jesús.

Así es, estas son las mismas personas que antes vivían en esta tierra rota, que pecaban y tenían un corazón duro hacia Dios. Después, se apartaron del pecado y se acercaron a Jesús, y confiaron en que Él las salvaría. Dios promete que un día, en el futuro, Él las hará perfectas, y estarán en la tierra nueva con Jesús, reinando junto a Él. Es una promesa para todos los que siguen a Jesús. Cada persona, los que eran niños cuando empezaron a seguir a Jesús y los que eran grandes, todos podrán estar con Él.

¡¿No es acaso la promesa más increíble del mundo entero?!

Los que siguen a Jesús tendrán todo lo que Adán y Eva tenían en el jardín, pero mucho más. Sabremos que Dios sufrió por nosotros, que nos ama profundamente, y sabremos que es nuestra única esperanza. Lo adoraremos con todo el corazón porque sabremos que, sin Él, nuestro corazón estaría endurecido y no podría oír, amar ni adorar al Señor.

Estaremos agradecidos.

Seremos libres.

Estaremos con Jesús.

Y esto podría suceder cualquier día. Podría pasar esta noche. O mañana. O el mes que viene. O el año que viene. No sabemos cuándo volverá Jesús, pero una de las últimas cosas que Dios le dijo a Juan era que VA a venir. Le dijo que vendría pronto y que, hasta que vuelva, tenemos que obedecer todo lo que dice la Biblia.

Así que eso es lo que estamos intentando hacer. Hemos aprendido sobre las promesas de Dios para saber que Él es el que obra en nuestras vidas y nos cambia. Nada de lo que nosotros podemos hacer nos transforma en buenos delante de Dios. No podemos hacerle ninguna promesa que nos salve. *Sus* promesas para nosotros son las que nos salvan, las que nos dan esperanza y nos ayudan a saber cómo seguirlo.

Y todas estas promesas son porque Dios ama a Jesús, te ama y quiere que conozcas y ames a Jesús. Él te creó y conoce cada día de tu vida. Sabe cuántos cabellos tienes en la cabeza, y no hay nadie en el mundo entero que te ame tanto como Él. Incluso estas promesas no pueden contener Su amor por ti. Así que ahora, al terminar este libro, queremos orar por el día en que Jesús vuelva. Podemos orar para que sea pronto y que, cuando vuelva, estemos preparados. ¡Que nos encuentre a todos siguiéndolo y amándolo, listos para ir a reinar junto a Él!

Oremos:…

—*Tomado de Apocalipsis 22*

Palabras de gratitud

Después de publicar cientos de libros y editar millones de palabras a lo largo de mi carrera como editora, nunca pensé que me encontraría de este lado del proceso. Mientras oro y confío en que Dios hará que estas páginas den su fruto, sin duda sabes que hay muchas personas sin las cuales este libro de historias bíblicas no estaría en tus manos. Espero que leas esto y sepas quiénes son algunas de ellas.

Antes que nada, quiero reconocer y agradecer al mejor equipo de la industria editorial. Siempre lo supe como líder del equipo, pero ahora pude experimentarlo como autora. Estoy especialmente agradecida por Michelle (Burke) Freeman, que pudo guiar a esta autora primeriza (que casualmente era su jefa) con toda la habilidad, el conocimiento y la gracia que siempre vi en ella. Michelle, tienes un don incomparable, y estoy profundamente agradecida por esta oportunidad de trabajar contigo. También estoy sumamente agradecida a Rachel Shaver, Diana Lawrence y Kristi Smith por sus respectivas dotes de mercadeo y diseño que se unen para que las personas tomen este libro y lo compren. Ellas también pudieron ver este mensaje por lo que es y lo que puede ser en las vidas de las familias, en lugar de permitir que las distraiga mi función como la jefa. Esta era una de mis principales preocupaciones, pero ellas, junto con el liderazgo de Devin Maddox (que lleva a cuestas todo lo que tiene que ver con el equipo que yo no puedo cargar sobre mis hombros), han hecho que me sienta agradecida y orgullosa de trabajar junto a ellos.

Además de mi equipo de publicación, este libro no sería tan hermoso sin el talento de Thanos Tsilis. Muchas gracias, Thanos, por volcar tanto en este proyecto en tan poco tiempo y por ser paciente con esta autora con su visión tan específica. Lograste que mi imaginación cobre vida, y estoy profundamente agradecida.

Mi enseñanza está arraigada en la educación y el discipulado que he tenido la bendición de recibir. El Seminario Teológico Bautista del Sur no solo me dio un título, sino que me discipuló y me proporcionó el cimiento necesario para enseñar la Palabra de Dios a otros. También he sido bendecida por un grupo de siete mujeres mayores que han caminado conmigo durante más de siete años, mostrándome cómo es la fidelidad en el ministerio en medio de las pruebas y los planes malvados de Satanás. Me animaron a ser la versión más piadosa de mí misma y han tenido paciencia con este «bebé» del grupo que tan a menudo pone en evidencia ese rótulo, a pesar de mi edad o de lo que debería ser. Me han animado mientras trabajaba en este proyecto y me acompañaron en oración a través de los días difíciles que hubo en el medio. Son mis hermanas amadas y me han enseñado y discipulado mediante su amor y su testimonio constantes y fieles. Las amo muchísimo y alabo a Dios por ustedes.

Hay un sinnúmero de otros amigos que me han apoyado de muchas maneras mientras completaba este trabajo, que me han brindado más paciencia de la que merecía y más comprensión de la que podía imaginar, y no los nombro por temor a dejar a alguien afuera. Pero si son de los que reciben mensajes de texto de mi parte a cualquier hora de la noche, ¡saben que son de esos amigos!

Sin embargo, hay una persona que no puedo dejar de nombrar y de reconocer su fuerte rol a la hora de darle forma al marco para el corazón de este libro; alguien que también me sostuvo de muchísimas maneras mientras escribía. Mary Anne Severino, también conocida como la mejor terapeuta de la tierra, recuerdo la primera vez que me hablaste sobre mi corazón. Recuerdo sentir un escalofrío mientras miraba fijo tu pisapapeles en forma de corazón, y tener terror de hablar sobre el corazón, porque pensaba que el mío era detestable.

En los últimos años, me has mostrado algunas cuestiones sobre el corazón y sobre el corazón de Dios para con nosotros que nunca había imaginado. Esto ha definido gran parte de lo que enseño en mi clase de escuela dominical cada semana y es un hilo conductor en este libro. Nunca sabrás cómo tu cuidado, tu paciencia y tu virtud ayudaron a darle forma a este libro, mientras también Dios los usó para transformarme en alguien que pudiera escribirlo. Jamás alcanzarán las palabras, pero doy gracias porque conoces mi corazón. Y sabes que está lleno de gratitud a ti y a Dios, que me llevó a ti.

Es imposible exagerar el rol significativo que ha tenido la iglesia Grace Community Church de Nashville en mi vida en los últimos diez años. Dios ha usado esa congregación, el sermón de cada semana y mi oportunidad de enseñar a los niños de tres años allí para nutrir y sostener mi fe a través de desafíos grandes y pequeños. Scott y Beth Patty me han acompañado a través de tiempos en los que parecía que un proyecto como este nunca sería posible, siempre animándome a la constancia del Señor. Jason Miller ha sido el pastor de niños más paciente del mundo y le dio un hogar a mi ministerio dentro de la iglesia… incluso cuando a menudo quiero hacer las cosas a mi manera para los niños específicos a los que enseño. Y a los padres de Grace, se me llenan los ojos de lágrimas mientras escribo mi gratitud a ustedes. Gracias por permitirme enseñarle a sus hijos de tres años cada semana. Gracias por traerlos a GCC a aprender sobre Dios. Mi oración es que el Señor les conceda a cada uno de ellos un corazón tierno que lo escuche, lo ame y lo obedezca.

Este libro está dedicado en parte a la memoria de Job Wilson Kemp. Job era un pequeño de tres años cuando lo conocí. Al principio, no decía mucho, pero tenía la capacidad de estallar en carcajadas a la velocidad de la luz. Tengo muchos recuerdos del año en que pude enseñarle a Job, y vi cómo iba creciendo y transformándose en un niño seguro de cuatro años, pero lo que más recuerdo es cuando me rogó que le explicara la Trinidad (por supuesto, me lo pidió con las palabras de un niño de cuatro años). Esta era una pregunta nueva, e inquirió con muchas pregunta de seguimiento, intentando comprender plenamente algo que la mayoría de los adultos consideran incomprensible. Hice lo mejor que pude para explicarle, sin saber que, tan solo un año más tarde, él estaría en la presencia de nuestro Dios misterioso, amoroso y fiel, ese mismo que intenté explicarle aquel día. Mi corazón no deja de dolerse por la pérdida que experimentaron sus padres, hermanos y una familia extendida enorme y amorosa. Por la pérdida que nuestra iglesia experimentó. Y por la pérdida que yo experimenté al no poder verlo crecer dentro de nuestra iglesia. Durante muchos meses, Dios puso en mí la convicción de escribir este libro, pero recién en el funeral de Job, mientras su papá proclamaba el Salmo 103, renuncié a mis temores y me entregué. Lo hice porque creo que no podemos dar por sentado cuánto tiempo tendremos para enseñarle a alguien sobre las promesas de Dios y sobre cómo se cumplen para Su pueblo en Cristo. Así que, un agradecimiento especial para Chase y Katie Kemp, por permitirme enseñarle a su precioso hijito y por dejarme recordar a Job en cada página de este libro.

Por último, tradicionalmente, se empiezan o se terminan los reconocimientos con una palabra de gratitud a Dios. Sin duda, hay una multitud de razones por las cuales este libro no habría sido posible sin Él, Su gracia en mi vida y Su amor inagotable. Pero lo hermoso es que no hace falta que lo escriba para que Dios lo sepa. Así que, en cambio, le agradezco simplemente por Su capacidad de conocer mi corazón y la profundidad de mi desesperación y mi gratitud a Él. Emanuel.

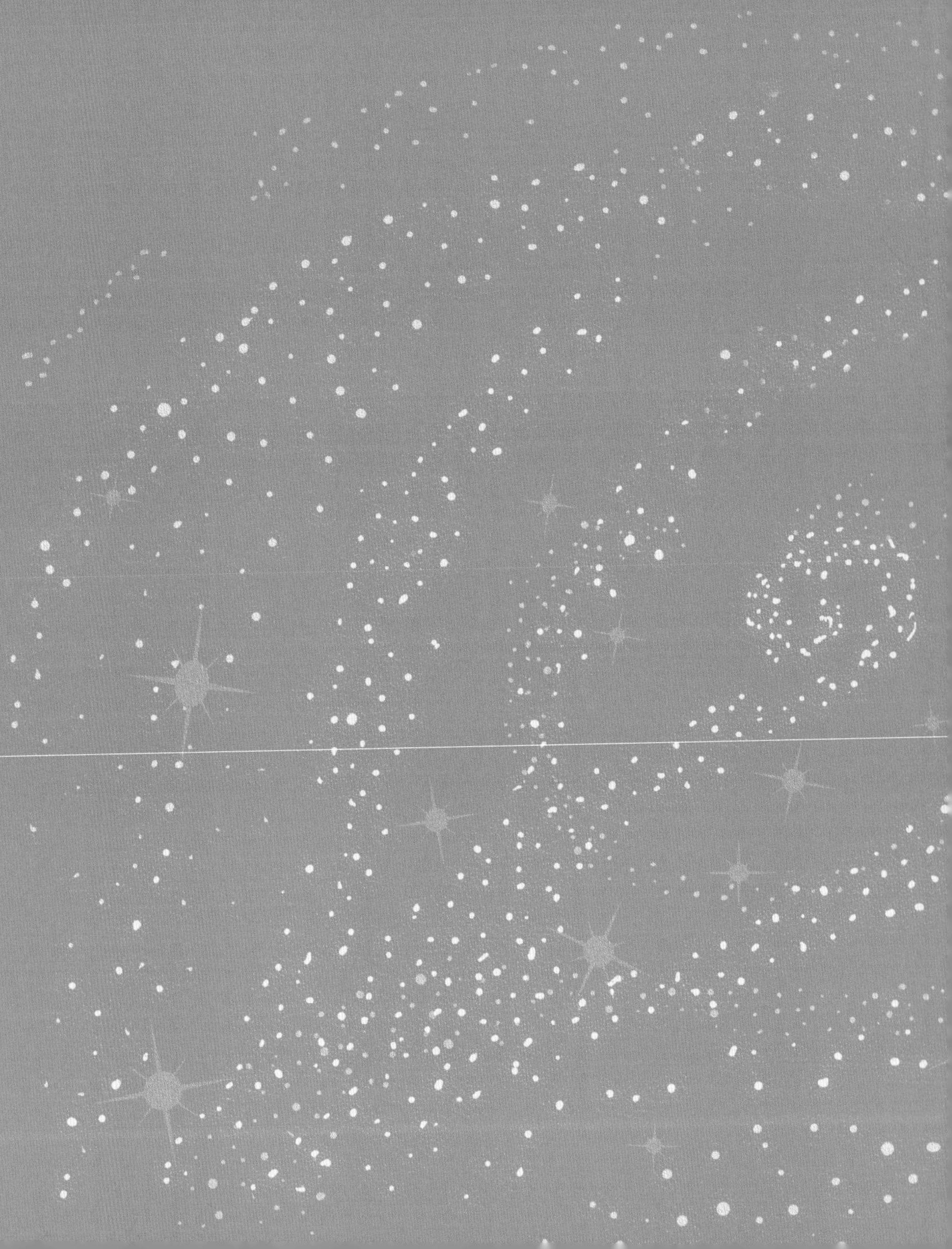

Acerca de la autora

JENNIFER LYELL ha enseñado la Biblia a cientos de niños a través de muchos años, y le encantan esas clases de escuela dominical de fin de año, cuando los niños se la enseñan a ella. Le gusta mucho hacer senderismo por lugares no explorados y emprender nuevas aventuras (¡como los niños!).